JORNALISMO ORGANIZACIONAL

Dados Internacionais de Catalogação na Publicação (CIP)
(Câmara Brasileira do Livro, SP, Brasil)

Sólio, Marlene Branca
Jornalismo organizacional : produção e recepção / Marlene Branca Sólio. Ed. revista — São Paulo : Summus, 2011.

Bibliografia
ISBN 978-85-323-0709-5

1. Jornais de empresa I. Título.

10-10539 CDD-070.486

Índice para catálogo sistemático:

1. Jornalismo organizacional 070.486

JORNALISMO ORGANIZACIONAL

Produção e recepção

MARLENE BRANCA SÓLIO

summus editorial

JORNALISMO ORGANIZACIONAL
Produção e recepção

Editora executiva: **Soraia Bini Cury**
Editora assistente: **Salete Del Guerra**
Assistente editorial: **Carla Lento Faria**
Projeto gráfico, capa e diagramação: **Acqua Estúdio Gráfico**
Impressão: **Sumago Gráfica Editorial**

Summus Editorial
Departamento editorial
Rua Itapicuru, 613 – 7º andar
05006-000 – São Paulo – SP
Fone: (11) 3872-3322
Fax: (11) 3872-7476
http://www.summus.com.br
e-mail: summus@summus.com.br

Atendimento ao consumidor
Summus Editorial
Fone: (11) 3865-9890

Vendas por atacado
Fone: (11) 3873-8638
Fax: (11) 3873-7085
e-mail: vendas@summus.com.br

Impresso no Brasil

Dedico este livro aos meus filhos:
Pedro, que, mais que tolerante com tantas ausências, foi sempre um porto seguro e uma fonte de energia;
e Lucas, com quem aprendi que o longe é perto.
E à dra. Izabel Dalpont, que me ensinou a olhar para o que havia dentro de mim.

AGRADECIMENTOS

Um agradecimento especial à dra. Margarida Krohling Kunsch, que me estimulou a transformar minha dissertação de mestrado neste livro. Agradeço também ao prof. dr. Alberto Efendy Maldonado, meu orientador; ao amigo Renato Henrichs e sua equipe; aos trabalhadores que tornaram possível a pesquisa e, por consequência, este livro.

SUMÁRIO

PREFÁCIO

Este livro representa uma grande inovação em relação ao conjunto de obras similares disponíveis. Primeiro, por tratar o tema em perspectiva teórico-crítica. Segundo, porque foca o estudo em dois eixos principais: produção e recepção do fazer jornalístico no âmbito corporativo, de forma fundamentada, por meio de um estudo de pós-graduação avalizado por uma pesquisa de campo e por uma trajetória de mais de vinte anos de experiência prática.

Trata-se de uma obra singular que consegue reunir, ao mesmo tempo, os conceitos de jornalismo organizacional em seu verdadeiro sentido, com relatos sobre como se processa, na prática, esse fazer jornalístico, e a recepção desse meio de comunicação por parte dos trabalhadores. Resultado de sua dissertação de mestrado defendida na Universidade do Vale do Rio dos Sinos, em São Leopoldo (RS), a autora se baseia em um estudo teórico e metodológico sobre o tema em questão e em pesquisa sobre a produção de dois jornais internos de duas grandes organizações; além de entrevistas com trabalhadores dessas mesmas organizações, para conhecer suas opiniões a respeito dessa mídia interna. Por isso, o livro será extremamente útil não só para o meio acadêmico, como também para o mercado profissional.

No cotidiano dos departamentos de comunicação das organizações, muitas vezes a produção jornalística é sufocada por urgências do momento e por solicitações da alta direção, sobrando pouco tempo para a reflexão sobre o que se produz. As falas ou depoimentos dos trabalhadores, que Marlene Branca registrou em sua pesquisa, constituem verdadeiros *insights* para o debate sobre o significado da produção e recepção dos jornais organizacionais.

Normalmente, os produtores desses jornais preocupam-se mais com a parte técnica e estética, esquecendo-se de uma reflexão efetiva sobre o conteúdo. Será que as matérias e as mensagens que vêm sendo produzidas interessam, de fato, aos empregados? Esse espaço jornalístico está otimizado em uma dimensão que ultrapassa os muros da organização e ajuda a formar um cidadão consciente? Se considerarmos o elevado número de periódicos impressos e eletrônicos circulando nas diversas organizações do país, entre boletins, jornais, revistas etc., perceberemos o quanto esses meios podem contribuir para a qualidade de vida das famílias e para uma sociedade mais justa e igualitária.

Não que não haja iniciativas nessa direção, mas elas poderiam ser mais numerosas. E o jornalismo organizacional, por sua vez, precisa ser equacionado à luz da contemporaneidade das organizações e no contexto da complexa sociedade em que vivemos.

Registra-se, ainda, o grau de sofisticação alcançado pelas publicações institucionais brasileiras, tanto no aspecto técnico quanto no de conteúdo, como comprova o prêmio oferecido anualmente pela Associação Brasileira de Comunicação Empresarial (Aberje). Tudo isso é fruto do empenho e da dedicação, ao longo das últimas décadas, de profissionais das áreas de jornalismo, relações públicas e recursos humanos, graças à liderança do saudoso Nilo Luchetti, que, em 1967, criou a Aberje com o propósito de organizar esse segmento e profissionalizar as publicações organizacionais.

As publicações institucionais passaram a ser cada vez mais valorizadas como meio imprescindível de atender às novas demandas da comunidade e da opinião pública, desencadeadas com o desenvolvimento rápido da economia e da sociedade. À medida que a conjuntura e as estruturas se sofisticavam, era preciso aperfeiçoar o relacionamento entre o capital e o trabalho e entre a organização e seu público externo. Assim, os profissionais dos mencionados departamentos logo perceberam a necessidade de sofisticar, também, a qualidade editorial e técnica das publicações, mediante uma aglutinação de esforços.

Este livro tem o grande mérito, além dos já mencionados, de apresentar uma visão crítica do jornalismo no ambiente organizacional em um contexto social mais amplo. Será muito útil para o ensino dessa disciplina em escolas de comunicação social, sobretudo nos cursos de jornalismo e de relações públicas. A formação universitária deve ir além do como se faz, tecnicamente, uma publicação institucional, e apresentar um pensamento holístico de um produto midiático, resultado de um processo de planejamento integrado que permitirá conhecer o perfil do público receptor e, além de tudo isso, esclareça a respeito de contextos políticos, econômicos e sociais e também do restrito ambiente em que o jornal é produzido. Há que se levar em conta a cultura do empregado, da organização e da comunidade, como tão bem defende Marlene Branca no seu estudo.

A formação universitária nessa especialidade geralmente se concentra muito mais na produção das mídias impressas, eletrônicas e digitais, em reportagens jornalísticas, na assessoria de imprensa etc., dando pouca ênfase aos aspectos de recepção dos públicos envolvidos e à filosofia e política de comunicação organizacional integrada. Um grande contingente de egressos dos cursos de jornalismo e um expressivo número de jornalistas profissionais que, demitidos das redações com as crises vivenciadas pelo setor, são levados a atuar no jornalismo organizacional não estão preparados para tanto. Mesmo que a teoria e a técnica jornalística sejam aplicadas no jornalismo organizacional – e de fato há uma apropriação desses paradigmas pelas organizações –, há especificidades e diferenças que devem ser levadas em consideração. Tudo isso é analisado pela autora nesta obra.

Jornalismo organizacional – Produção e recepção certamente incentivará o leitor a se inserir nesse debate, levando-o a valorizar tanto o "fazer" do jornalismo organizacional quanto a recepção de seus produtos por parte dos leitores.

Margarida M. Krohling Kunsch
Professora titular e pesquisadora na Escola de Comunicações e Artes da Universidade de São Paulo.
Coordenadora do programa de pós-graduação da ECA/USP.

1 O COMEÇO DE UMA HISTÓRIA

Ao longo de vinte anos de jornalismo organizacional, percebeu-se nesse mercado a falta de uma sustentação teórico-crítica eficiente. Nas organizações por onde passou, o jornalismo organizacional ocorreu de forma empírica, distante de uma teoria de base e desarticulado de um programa complexo de comunicação.

Existem trabalhos e teses sobre o assunto, concentrados em uma linha mecanicista. A falta de trabalhos críticos, que apontem para metodologias consistentes, possibilita a intromissão de não especialistas em todas as etapas de produção, desde a discussão da pauta – roteiro dos principais assuntos – até a redação e edição de textos, passando pela edição gráfica.

Em pesquisa desenvolvida no início da dissertação que deu origem a este livro, encontraram-se catalogados na biblioteca da Escola de Comunicação e Artes (ECA) da Universidade de São Paulo (USP), no período de 1972 a 2000, seis trabalhos, entre dissertações e teses, especificamente sobre jornalismo organizacional. Francisco Gaudêncio Torquato do Rego, Manuel Carlos Chaparro, Jaurês Palma e Juarez Bahia continuam sendo os autores nacionais com maior volume de produção sobre o assunto, o que significa dizer menos de dez livros publicados (Tavares, 1993). Uma pesquisa desenvolvida pela prof^a^. dra. Margarida Krohling Kunsch, da USP, mostra que existem 124 teses produzidas no país, do início da década de 1970 a 2000, que abrigam temas diversos sobre comunicação organizacional e relações públicas. Dessas, apenas seis tratam especificamente de jornalismo organizacional. Frisou a pesquisadora, em palestra ministrada no Programa de Pós-Graduação em

Comunicação da Unisinos: "O Brasil é um dos países latino-americanos que mais produziu nessa área". Justifica-se assim, pois, o interesse em colaborar com o estudo do tema nos aspectos da produção e da recepção, o que parece ser importante tanto para a academia quanto para o mercado de trabalho. Além disso, ainda segundo afirmação da mesma pesquisadora, são poucos os estudos desenvolvidos sobre a recepção no jornalismo organizacional (Bueno, 1977).

Sobre a aceitação dos jornais pelos funcionários, normalmente são desenvolvidas pesquisas quantitativas pelas próprias organizações. Há uma carência de pesquisas qualitativas que indiquem novos caminhos para esse procedimento jornalístico ao mostrar as diversas leituras e interpretações e, principalmente, várias problematizações que ocorrem na produção e recepção desses jornais.

Não seria novidade afirmar que, enquanto a grande imprensa valoriza a diferença, os jornais organizacionais trabalham com o consenso. Porém, é bastante asséptica a maneira como manuais de jornalismo e livros técnicos definem e apresentam as atividades do jornalismo organizacional. É importante, justamente por isso, buscar uma análise que trate de relações e tensões. Apesar dos novos paradigmas emergentes na administração, principalmente a partir da década de 1980, essas tensões continuam ignoradas.

Comparativamente ao início do processo industrial, ocorreu uma alteração importante no contexto das organizações. Hoje, para divulgar sua filosofia e cultura[1], elas precisam concorrer com diversas fontes de informação às quais o trabalhador tem acesso independentemente do poder aquisitivo ou da formação cultural. Qualidade, produtividade e competitividade, o que implica conjugar alto nível de treinamento e mão de obra barata, são fundamentais para que uma organização sobreviva de acordo com o paradigma neoliberal, que

> sustenta a apoteose da propriedade privada e da livre competição. Institui em princípio-chave a liberdade de empreendimento e de escolha individual. Acredita que o interesse próprio constitui um

> móvel dominante dos agentes sociais (egoísmo ético). Propõe a operação da "mão invisível", de Adam Smith, e em consequência, dispensa qualquer interferência do Estado na economia. Pretende "resgatar a naturalidade" das leis de mercado, com a plena vigência do sistema de preços, e abre mão da rede de segurança social aos desvalidos. Por fim, advoga a lei de sobrevivência dos mais aptos, ao gosto de Herbert Spencer, numa furiosa exclusão social. (Srour, 1998, p. 95)

Portanto, para as companhias, continua fundamental educar o indivíduo contratado. Assim, recorrem ao jornal interno, ferramenta eficaz por ser dirigida diretamente ao leitor-alvo, barata, graças à popularização e redução de custos dos sistemas de produção gráfica e impressão, e veloz, principalmente considerando a mídia eletrônica, que tende a ser sempre mais usada para a comunicação organizacional, em sintonia com o que se vem denominando "sociedade da informação". Mas não se pode esquecer que os setores de produção das fábricas ainda estão distantes da informação, na maioria dos casos.

É comum que as organizações usem os jornais internos como difusores de sua cultura e de seus princípios. Mas até que ponto esse jornal é o que o público lê? Até que ponto os jornais organizacionais são assimilados e produzidos sem tensão, como é a ideia corrente?

Seria ingenuidade negar o papel dos jornais de organizações na difusão do modo capitalista de produção. Porém, é interessante verificar os pontos de fuga. Nem sempre o receptor lê aquilo que a organização pretende dizer em sua mensagem. Muitas outras leituras são elaboradas por ele. Existe um contexto que abriga tanto o jornal quanto o trabalhador, e a mediação daquele em relação a este não apaga outras verdades constituídas. Há que se considerar, ainda, que o trabalhador tem, sobre a organização a que está ligado, o olhar do cidadão inserto em uma comunidade maior, fora dos portões da fábrica. Assim, em primeiro lugar, evidencia-se simplista a categorização de públicos em interno, externo e misto; e, em segundo, percebe-se uma série de mediações atravessando a leitura desse jornal.

Transmitir a cultura e a política organizacionais ao empregado usando o jornal implica assimilar valores, costumes e formas de expressão e manifestação. Existe uma larga distância entre valores, significados e formas de expressão quando se analisam a organização em si e o espaço social do empregado. São gramáticas diversas, e, quando um grupo se apropria da gramática do outro, surge um espaço híbrido, em que uma instância precisa conhecer os códigos da outra. Então se estabelece a especificidade dos jornais de organização em relação a jornais da grande imprensa. Códigos e valores do leitor precisam ser agregados, incorporados, valorizados, respeitados, para servir de vetores na transmissão de outros valores, esses diretamente ligados à cultura da organização. Na verdade, várias culturas compõem o que se denomina *cultura organizacional*.

Confronto de verdades

Aqui a intenção é aprofundar duas questões pouco discutidas na área do jornalismo organizacional: a *produção* e a *recepção*. O trabalho original apresentou um breve panorama, desenhando o surgimento e o desenvolvimento da atividade ao longo da História.

Num segundo momento foi feita a análise do processo de produção dos jornais, mostrando as práticas desse fazer jornalístico, suas dificuldades, suas especificidades e suas tensões. Em seguida, a recepção desse tipo de mídia foi analisada, e para isso houve, além da fundamentação teórica, um trabalho de campo, com entrevistas a leitores de dois jornais organizacionais, identificados, aqui, como **A** e **B**. Naquele momento, a grande questão era descobrir as leituras que o público-alvo fazia dessas mídias e até que ponto o objetivo das organizações, ao editar os jornais, era cumprido. Também foram questionadas as mediações a que estavam sujeitas a leitura e a interpretação deles.

Na produção, foram analisados os discursos editorial e gráfico, aspectos de cultura, de ideologia e de poder. Na análise da recepção, evidenciaram-se as várias leituras feitas pelos trabalhadores, o quanto as organizações não atentam para os valores de seus empregados e o quanto a recepção é treinada nessa mesma escuta.

Para a análise da recepção, foram necessárias duas baterias de entrevistas. Na primeira, oito trabalhadores de diversos níveis da **Empresa A** e da **Empresa B** foram ouvidos. As entrevistas ocorreram nas dependências das organizações.

Qualquer organização está inserida na sociedade.

Três esferas de significação do processo de comunicação interna.

Para a segunda bateria, foram entrevistados dez trabalhadores de ambas as organizações, dos níveis de produção e administrativo, com e sem cargo de chefia, homens e mulheres, com mais de dez anos de organização e, em média, com um ano de casa. Por esse procedimento foi possível perceber como é o fazer jornalístico quando se trata de jornalismo organizacional, se ele cumpre seus objetivos e qual o papel das mediações na leitura.

Essa bateria de entrevistas foi necessária porque se percebeu um alto nível de autocensura e tensão durante as entrevistas nas fábricas. Assim, na segunda bateria, conversou-se demoradamente com as pessoas selecionadas, em suas residências, percebendo muito mais espontaneidade e liberdade[2].

Organizações: sistemas permeáveis

Antes de falar sobre jornalismo organizacional, é preciso destacar alguns aspectos importantes, que serão desenvolvidos ao longo do livro. Nota-se no diagrama da página anterior que o que conduziu ao estudo desse tema foi observar, ao longo de duas décadas de trabalho na criação e execução desse tipo de mídia, quanto o fenômeno descrito nesse diagrama era desprezado pelas organizações na criação de seus jornais.

Os valores que os empregados trazem são desprezados e acabam se tornando, dentro da instituição, uma "cultura paralela". Um exemplo disso é o procedimento recorrente, que diz respeito às normas ISO 9000. Existe uma normatização, oficial e documentada, que no dia a dia não é de fato aplicada. Adotam-se, na realidade, procedimentos que já fazem parte da rotina, mas, no processo de certificação, foram desprezados em detrimento de outros que não levam em consideração a prática diária do trabalhador. Essa afirmação tem base não apenas nas entrevistas feitas para a produção de matérias sobre o assunto, mas também em comentários dos trabalhadores ao longo da pesquisa.

Outro aspecto instigante foi constatar a presença de um corpo intermediário que sobrepõe valores culturais aos círculos do trabalhador e da própria organização, sendo, muitas vezes, mais "realistas do que o rei", e sem perceber que o jornalismo organizacional somente alcançará um bom padrão quando e se agregar as qualidades de um bom trabalho jornalístico aos objetivos da organização e aos anseios do leitor.

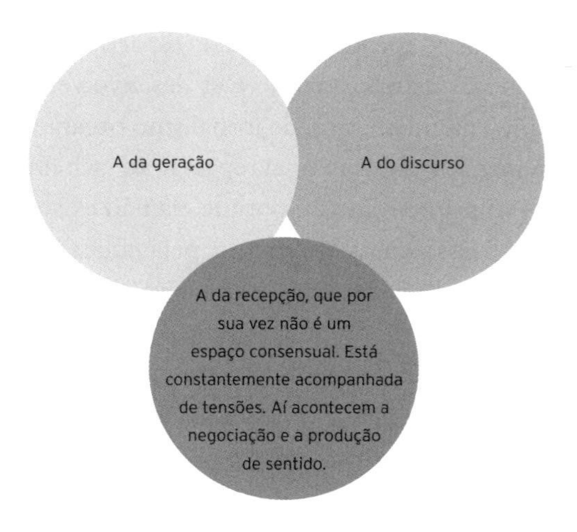

Possibilidades de leitura em processos comunicacionais.

Parte-se do princípio de que, antes de cumprir o papel de difundir a cultura organizacional, a mídia organizacional deve cumprir sua função de *jornal*, somente assim será avalizada pelo receptor. Para um bom jornal organizacional, é preciso – e normalmente não existe (o que se confirmou na pesquisa de campo) – clareza quanto ao perfil do público, sobre o real objetivo desse jornal, sobre a cultura da organização, seus valores, sua ideologia e política, bem como sobre as estratégias a adotar para que ele cumpra seu papel, destacando o respeito aos valores culturais do empregado ou leitor. Daí a importância de que jornalistas operem essas mídias, mas trabalhem ao lado das relações públicas, cuja competência está não em fazer o jornal, mas em usá-lo como ferramenta estratégica no desenho dos processos comunicacionais da organização.

Ao pensar nos conceitos de organização e cultura, não se imagina que funcionem isolados de outros fatores sociais e culturais. A organização é constantemente permeada por influências e pressões diversas, assim como as exerce. O trabalhador, de outro lado, está em várias esferas, o que significa que existem mediações em sua leitura.

As organizações normalmente ignoram dois aspectos fundamentais: como os empregados se apropriam daquele espaço em que passam, pelo menos, nove horas diárias, e como eles desenvolvem competências que mostram que entendem, sim, de jornalismo organizacional.

É difícil um jornal organizacional repassar ao trabalhador uma cultura cristalina. Em primeiro lugar, porque ela não existe; em segundo, porque a cultura passa, irrefutavelmente, pela cultura do trabalhador, do cliente, do mercado e do fornecedor. Um jornal organizacional, portanto, deve espelhar essa bolsa intermediária, resultante da simbiose dessas diversas culturas. Somente aí a recepção cederá a um processo de identificação, não sem tensão e discussão, num processo dialético de aceitação. Como diz Gomis (1991, p. 102),

> o caráter enigmático e ambíguo de um fato contribui para sua noticiabilidade. Não é isso precisamente o que suscita o comentário, o que faz as pessoas falarem? Esse algo enigmático e ambíguo que existe nas notícias nos faz pensar, temer e esperar. Não acaba tudo no simples conhecimento de um fato. Ao contrário, poderíamos dizer que com ele algo começa. Um processo de participação se instala. O que acontecerá agora? O que significa realmente isso que dizem que aconteceu? O fato conhecido repercutirá em comentários e em novos fatos, consequências dos anteriores. Uma dupla expectativa se combina e dessa combinação extrai o interesse jornalístico do fato.

Cada instância possui sua gramática, e o que reduz as possibilidades de ruído nas significações atribuídas a um mesmo texto é o domínio dos códigos da recepção pela produção. Assim, quanto mais precisa for a taxa de informação, tanto menor será a possibilidade de pontos de fuga pelos leitores.

Normalmente, as organizações acreditam que seja eficaz repassar seus valores aos trabalhadores, utilizando uma gramática que não é a deles e, por consequência lógica, eles não compreendem ou rejeitam. A organização deve, ao contrário, manter abertos canais de escuta. Somente terá aderência a seus valores aquele discurso que chegar ao trabalhador com o seu código, o que não significa, por outro lado, ser simplista ou redutor. O não cumprimento dessa regra básica abre espaço para que se instale o chamado "jornalismo de corredor", que se caracteriza aqui como pontos de fuga.

É impossível tratar separadamente o avanço dos processos comunicacionais, os avanços tecnológicos e os diversos ciclos econômicos pelos quais passou a humanidade. Sua relação é circular. Absolutamente amarrados um ao outro, eles tecem um único contexto. Assim, interessa, neste capítulo, pontuar o grande avanço tecnológico das indústrias de comunicação, em meados do século XIX, que facilitou a produção e reduziu os custos de jornais, abrindo novas fronteiras no campo da impressão e da editoração. As publicações editadas pelas organizações cresceram em importância como instrumento de orientação, ajudando o trabalhador na adaptação ao ambiente de trabalho e ao mundo, que, por sua vez, também se transformava significativamente (Rego, 1984, p. 19).

Mattelart (1994, p. 8) destaca o estudo de Mayo sobre comportamento de operários e diz:

> Ao se interrogar sobre as funções latentes das práticas padronizadas utilizadas pelos operários das organizações espontâneas e dos jogos organizados pelos gerentes, essa psicologia social da organização ainda embrionária vai procurar satisfazer da melhor forma possível as necessidades dos recursos humanos e levar os operários a aderir aos objetivos da organização e se integrar nela nas melhores condições (jornal organizacional, caixas para sugestões, serviços sociais, formação profissional, sistema de remuneração etc.).

Contexto europeu

O surgimento das primeiras publicações organizacionais ocorreu entre as décadas de 1830 a 1840, inicialmente na Alemanha e Suíça.

> O primeiro jornal especialmente dirigido aos funcionários parece ter sido o Bergmannsfreund (O Amigo dos Mineiros), um periódico para o divertimento e a instrução dos operários mineiros, lançado em julho de 1870, na cidade alemã de Saarbruck [sic]. [...] o primeiro jornal organizacional destinado aos funcionários, operando dentro dos moldes atualmente convencionados para o jornalismo organizacional e cuja existência não é posta em dúvida, parece ser o norte-americano The Triphammer, publicado em 1885, pela Massey Harris Cox. Em 1887, surgiria em Daytona, Ohio, também nos Estados Unidos, o NCR Factory News, editado pela National Cash Register Company, e que sobrevive até hoje. A partir de 1888, os jornais organizacionais começaram a surgir regularmente em vários países, em número e com prestígio cada vez maiores. (Rego, 1984, p. 21)

Com as ideias filosóficas de Marx e Engels, o operariado se fortaleceu como categoria e teve um papel cada vez mais preponderante na sociedade[3].

No século XX, o continente europeu acompanhou mudanças intensas trazidas pela Revolução Industrial. Entre as mais importantes aparecem o fenômeno da urbanização, o crescimento de empregos na indústria e a consolidação da classe operária.

A década de 1930, na Europa, registra o surgimento de regimes nazifascistas com imenso apoio popular. Suas ideias se arraigaram como fruto de uma intensa propaganda de metas claras a serem alcançadas. Na Itália de Mussolini, o regime fascista instituiu a "Carta Del Lavoro", com a qual angariou a simpatia dos sindicatos operários. Foram décadas de efervescência política e de nacionalismo exacerbado que trouxeram duas grandes guerras para a humanidade (1914-1918 e 1939-1945).

Contexto brasileiro

Rego (1984) traça uma precisa evolução do jornalismo organizacional no Brasil do começo do século XX, e foi com base em sua exposição que se construiu este texto.

Quando se inicia, lentamente, o processo de industrialização, observa-se primeiro uma discreta passagem do homem para a cidade, processo que se acelera gradualmente. Ao fortalecimento e à expansão do jornalismo organizacional somou-se o fortalecimento dos movimentos sindicais europeus e norte-americanos do início do século, principalmente a partir da década de 1920. "[No Brasil], o primeiro boletim organizacional parece ter sido o *Boletim Light*, fundado em 1925 por um grupo de funcionários da Light" (Rego, 1984, p. 27). Na década de 1940, Rego menciona o *Informativo Renner*, da A. J. Renner S. A. de Porto Alegre; a *Revista Banco do Brasil*, da Filial Porto Alegre do BB, e o *Boletim Preto e Branco*, editado pela Livraria do Globo. Na década de 1950, o autor aponta o *Informativo Agrímer*, editado pelo Banco Agrícola Mercantil; o *Boletim Eberle*, editado pela Metalúrgica Eberle, de Caxias do Sul; o *Informativo Wallig*, publicado pela Metalúrgica Wallig S. A., e o *Aluminito*, da Alcan Alumínio do Brasil (1954).

A partir de 1950, no segundo governo de Getúlio Vargas, houve investimentos pesados nos setores de infraestrutura, como energia e siderurgia, dando efetivo impulso ao desenvolvimento do país. Nesse momento, os líderes sindicais descobrem nessa forma de jornalismo um jeito eficiente de expressar ideias.

A espiral de crescimento do jornalismo organizacional acompanha o movimento do capitalismo industrial. Até a década de 1950, ele foi um instrumento precioso para o treinamento da mão de obra sem capacitação técnica. Kunsch aponta quatro fases na história da comunicação organizacional: a do produto, na década de 1950; a da imagem, na década de 1960; a da estratégia, nas décadas de 1970 e 1980, e a da globalização, na década de 1990.

O final dos anos 1950 e o início da década de 1960 marcam uma curva ascendente nas atividades de jornalismo organizacional, com o desenvolvimento e a consolidação do parque industrial nacional, a partir da política de desenvolvimento implantada por Juscelino Kubitschek. Ao aumento do número de organizações associa-se a necessidade de formação de mão de obra operária, papel desempenhado à altura pelas publicações organizacionais que enfatizam textos sobre treinamento. "A explosão de jornais e revistas de organizações em nosso país veio nos anos 1960, aparecendo, entre outros: *Revista Ipiranga* (1960), da Refinaria de Petróleo Ipiranga; *Atualidades Nestlé* (1962); *Panorama* (1962), da General Motors do Brasil; *Família VW* (1963), da Volkswagen do Brasil, e inúmeras mais" (Rego, 1984, p. 27).

A partir de 1964, começa a se formar um vínculo muito próximo entre o governo e os grandes jornais, emissoras de rádio e redes de televisão. Daí o crescimento significativo das assessorias de imprensa, cujo papel principal era difundir informações sobre as ações oficiais, dando eco ao Brasil Grande ou ao chamado Milagre Econômico. Tem-se uma fase de impulso do jornalismo organizacional tanto nos órgãos oficiais quanto na iniciativa privada, agora fonte importante para alimentar, com seus *releases*, as editorias de economia, principalmente porque a censura ditatorial esvazia outras editorias, como a de política e a de cultura. Um bom documento para a análise desse período é o artigo "Novas estratégias políticas na Globo? O Jornal Nacional antes e depois da saída de Cid Moreira", de Mauro Porto. Nele, o autor mostra a identificação entre o apresentador Cid Moreira e o *Jornal Nacional*, da Globo, o que, por sua vez, mostra identificação visível com a política militar vigente a partir de 1964 no Brasil. Salienta-se, ainda, o fato de que a classe operária, de modo geral, sempre teve um baixo padrão de vida (Alves, 1985), o que corresponde a um baixo consumo de revistas e jornais. Nesse sentido, o jornal organizacional preenche uma lacuna presente em grande parte da população. Em seu trabalho sobre leituras de operárias, Bosi (1978, p. 136) destaca esse aspecto: "Embora o jornal preferido seja a *Folha de S. Paulo*, o mais lido habitualmente é o da fábrica, gratuitamente distribuído no local de trabalho".

As entrevistas aplicadas na pesquisa confirmam esse fato, principalmente quando se trata de leitores instalados no piso de fábrica. Essa é uma prova irrefutável de como um jornal de fábrica tem aceitação e pode ser usado didaticamente com proveito se atentar mais para as condições e demandas do receptor.

Jornalismo organizacional e os anos 1960

O golpe militar de 1964 ajudaria no desenho dos caminhos do jornalismo organizacional do país. Com o aumento da pressão sobre a imprensa diária e com a intensificação das atividades de censura, cresce o número de profissionais a atuarem em novos nichos, fora das redações. Principalmente no final dos anos 1960, assessorias de imprensa e setores de comunicação bem estruturados começam a assumir a responsabilidade pela produção de jornais organizacionais[4]. No final dos anos 1980, tem-se um verdadeiro *boom* nas assessorias de imprensa.

É preciso ressaltar, também, durante o período da chamada Revolução de 64, a forte influência do modelo norte-americano de jornalismo (jornalismo funcionalista). Destaca-se, ainda, a entrada de grande número de organizações estrangeiras no país, fatores que levaram à reprodução do modelo norte-americano de administração.

Um Congresso Internacional de Imprensa Industrial realizado em Berlim, em 1967, atribui posição de destaque ao Brasil no que diz respeito ao número de títulos e à tiragem de jornais organizacionais: duzentas publicações com uma tiragem de quatrocentos mil exemplares (Rego, 1984)[5]. Em outubro do mesmo ano, cerca de cem representantes de organizações reuniram-se em São Paulo para participar do I Congresso Nacional de Editores de Publicações de Organização, quando foi aprovada a criação da Associação Brasileira de Editores de Revistas e Jornais Empresariais (Aberje)[6], que terá papel fundamental no jornalismo organizacional brasileiro.

Durante as décadas de 1960 e 1970, o jornalismo organizacional vai acompanhar a tendência de transformar as técnicas de solução de problemas em instrumentos de conciliação entre necessidades humanas e eficiência organizacional. Nas décadas de 1970 e 1980, o

> conteúdo [dos *house-organs*] está focado em aspectos físicos ou técnicos da produção (tecnologia, equipamentos, instalações). Presença ostensiva de Diretoria (promoção pessoal). Desestímulo ao debate e à controvérsia. Espaço significativo para entretenimento e para valorizar a fidelidade dos funcionários (horóscopo, palavras cruzadas, humor, aniversariantes do mês e prêmios aos veteranos, por exemplo). (Bueno, 1999, s.p.)

Mais recentemente, o jornalismo organizacional acompanha a tendência dos estudos de administração e funcionamento organizacional, apontando a existência de dois subsistemas básicos na organização.

> De um lado, um subsistema estrutural e material; de outro, um subsistema simbólico, formando um quadro social, no qual se inserem os fenômenos humanos. Nos anos de 1981 e 1982, registra Morgan que Peters e Waterman começaram a considerar a organização como uma entidade social, capaz de segregar regras, costumes, visões, linguagem e hábitos próprios. A esse conjunto de fatores deram o nome de cultura, ou seja, as organizações produzem sua própria cultura. (Rhoden, 1999, p. 34)

Em pouco mais de quinze anos, durante o Milagre Econômico Brasileiro, esse novo filão de mercado está estruturado e cada vez mais os jornais organizacionais passam a ser editados por assessorias de comunicação, em que normalmente está a figura do jornalista: assessor de imprensa e editor do jornal organizacional.

O final da década de 1970 mostra, na história do Brasil, um fortalecimento acentuado dos movimentos sindicais, que, por sua vez, também se apropriam do jornalismo para divulgar sua posição de confronto com "o poder organizado", o que leva à reação imediata de fortalecimento do jornalismo organizacional.

> Durante o regime militar, como a política se tornou assunto proibido ou limitado às regras do poder, e a sociedade civil foi excluída das decisões políticas, a economia passou a ser uma opção de assunto jornalístico. A partir da década de 1970, com o "milagre econômico", e depois, com os períodos de elevados índices de inflação e sucessivos planos "salvadores", o noticiário econômico passou a ter forte apelo popular, e as editorias de economia começaram a se estruturar e crescer. O jornalismo econômico [...] prepara terreno para a implantação do modelo neoliberal. Fiéis também a esse modelo as organizações jornalísticas passaram a enxugar suas redações e a formar uma nova geração de jornalistas, recém-saídos das faculdades, segundo um conceito de jornalismo "light". O modelo neoliberal tornou o terreno fértil para a proliferação de assessorias de imprensa, formadas por jornalistas expulsos das redações pelo enxugamento dos quadros ou pelos baixos salários pagos. (Carmona, Albuquerque e Macial, 1998, p. 18-43)

A década de 1980 traz o desenvolvimento dos modelos japoneses de gerenciamento da produção. É o período em que florescem os programas de Qualidade Total, Produtividade, *Just In Time*, *Kanban* e uma série de outros postulados. Ao mesmo tempo, o mercado de trabalho mundial mostra uma nova configuração: diminuem drasticamente as oportunidades de emprego[7]. Aumenta a demanda das organizações pelo jornalismo organizacional, pela necessidade urgente de usar o jornal interno como ferramenta de reeducação do trabalhador para um novo contexto socioeconômico. A partir desse período, o jornalismo organizacional integra-se a uma atividade mais ampla: a comunicação organizacional, ao lado das atividades de relações públicas.

A fusão de organizações começa a delinear o retrato de grandes monopólios de comunicação. Surgem muitas assessorias dirigidas por profissionais liberais especialistas em jornalismo organizacional, *marketing* e relações públicas, prontos a suprir as novas necessidades das companhias e a desenvolver um novo filão de mercado, garantindo sua sobrevivência e qualificando a produção do segmento.

Dados do Ministério do Trabalho, da subseção Dieese, no Sindicato dos Jornalistas Profissionais do Estado de São Paulo, em 1997, apontam que, no Brasil, de 19.473 jornalistas com carteira assinada, 6.115 trabalhavam fora das redações[8].

A Aberje conta com aproximadamente 1,6 mil organizações associadas, entre as de pequeno, médio e grande porte. Considerando-se somente os veículos registrados na entidade, são 4,9 mil jornais, revistas e boletins com periodicidades diversas. A associação estima que a tiragem média de revistas e jornais organizacionais no país chegue a 1,47 milhão de exemplares/mês (dados de 2008, não atualizados). Considere-se que, para o cálculo dessa média, são computados jornais, revistas e boletins quinzenais, mensais, trimestrais e semestrais.

Levantamento feito pela revista *Imprensa*, em 1998, com base em fontes próprias, no *Guia Brasileiro de Comunicação Organizacional & Assessorias de Imprensa* e no guia *Fontes de Informação*, editados pela Puente Projetos de Comunicação em parceria com o Sindicato dos Jornalistas Profissionais no Estado de São Paulo, indica a existência de 1.457 assessorias de imprensa no país. Os dados, embora imprecisos, mostram uma concentração de assessorias na região Sudeste. São Paulo é o estado com maior número de assessorias (956), seguido do Rio de Janeiro (207), do Distrito Federal (69) e do Paraná (48) (Carmona, Albuquerque e Macial, 1998). Em entrevista por e-mail, em julho de 2010, a Associação Brasileira das Agências de Comunicação (Abracom) aponta a existência de 1.200 agências de comunicação corporativa.

Dados do Sindicato dos Jornalistas de São Paulo (SJSP), em entrevista por e-mail, dão conta de que hoje, no Brasil, são 35.322 jornalistas profissionais, 10.783 dos quais sediados em São Paulo. Do total de jornalistas computados em São Paulo, 6.860 estão fora das redações, comparativamente com os 1.785 que trabalhavam nessa condição em 1995.

O Sindicato adverte que os dados fornecidos pela Relação Anual de Informações Sociais (Rais) consideram apenas profissionais contratados segundo normas da CLT. O SJSP estima que o número de jornalistas em atividade no estado seja o dobro (cerca de 20 mil) em função da proliferação de contratos de trabalho extralegislação.

É importante registrar que a década de 1990 traz a presença e a disseminação de novas tecnologias. É evidente que elas chegam com rapidez à produção gráfica, operando um verdadeiro milagre. Jornais, revistas e todo o material impresso podem, a partir de então, ser produzidos com mais qualidade, em menor tempo e a custos inferiores, sem considerar o jornalismo *on-line* – embora haja um número significativo de trabalhadores sem acesso a computadores, nem nas organizações nem na própria casa.

Documentos de arquivo da Gráfica e Editora São Miguel, de propriedade da Ordem dos Freis Capuchinhos, em Caxias do Sul, mostram uma redução de custos de 30% na década de 1970 para a década de 1980, e uma redução superior a 50% na década de 1980 até o final da década de 1990. Na mesma proporção, reduziu-se o tempo de produção do material, aumentaram-se os recursos gráficos e cresceu a qualidade. "Levávamos até 20 dias para a confecção de uma revista tamanho A4, com 32 páginas, capa com seleção de cores e miolo em duas cores. Hoje, esse trabalho é feito em apenas dois dias."[9]

Cada vez mais bem-elaborados e com a possibilidade de aumento de periodicidade, tanto por causa da tecnologia quanto dos custos, os jornais organizacionais assumem importante papel como mediadores sociais. Eles são peça intersticial entre duas grandes esferas da sociedade: o capital e o trabalho. Estudar a história do jornalismo passa também por estudar a evolução do processo industrial e as relações entre empregadores e empregados. A forma como capital e trabalho se comunicam indica as modificações da comunicação como um todo, que detalha, por sua vez, as modificações nas relações desses grupos sociais. Armand e Michèle Mattelart (1987, p. 179) escrevem com clareza sobre essa nova cultura de organização: "Nascimento frequentemente doloroso porque, contrariamente ao que dão a entender os ditirâmbicos discursos sobre a nova era que contêm as revistas financeiras e econômicas dos Estados Unidos, a resistência da antiga hierarquia industrial é real".

Os Mattelart (1987, p. 179) falam, ainda, da "nova elite que desponta, refratária a sindicatos e ao Estado, com um padrão cultural identificável em qualquer lugar do mundo, populista, que coloca o mundo do trabalho como seu aliado. A gestão participativa passa a ser a pedra de toque".

Na medida em que se alteram as relações entre capital e trabalho, na medida em que conceitos como os de "organização" e "emprego" tomam nova configuração, o mito da especialização passa a ser uma ideia redutora. É necessário que o profissional saiba cada vez mais sobre tudo. Já não basta saber muito sobre pouco. De outro lado, é cada vez maior o volume de informações diretamente ligado à facilidade de acesso e à redução dos custos de produção, quer se fale em processamento *on-line*, quer no convencional (via suporte de papel, rádio ou televisão).

A seletividade do leitor aumenta proporcionalmente ao assédio a que ele é submetido, pois, como já se disse, o acesso à informação é cada vez maior. Dessa forma, é urgente produzir com qualidade. E falar em qualidade na comunicação é falar do conhecimento profundo de aspectos psicológicos, sociológicos e antropológicos, além dos técnicos. Conhecer a recepção é tão importante quanto manusear com eficácia o canal de emissão, sob pena de não estabelecer o vínculo fundamental para que se complete o circuito da comunicação. E esses saberes (manusear o canal, estabelecer um *link* com a recepção e produzir a comunicação) nascem do estreitamento de vínculos entre a academia e o mercado, numa relação circular e permanente, em que um alimenta e estimula o outro.

O que se constata é que, por mais sequiosas que as organizações estejam do suporte que lhes dê a atividade de comunicação (nesse caso a referência é específica ao jornal organizacional), seus departamentos de comunicação poucas vezes possuem profissionais com conhecimentos teóricos sobre a natureza da atividade, seja pela deficiência nos currículos dos cursos que frequentaram antes de entrar para o mercado de trabalho, seja pelo pouco material produzido sobre o assunto, seja porque essa tarefa é atribuída a leigos.

É evidente que não se pode ser ingênuo a ponto de garantir que todos os procedimentos inadequados se devem à ignorância ou à falta de conhecimento mais profundo sobre o assunto. Há muitos momentos de tensão no trabalho do editor de jornais organizacionais. Em alguns casos, esses momentos levam ao desgaste completo. Em muitas situações, indivíduos investidos de determinado poder dentro da organização arbitram ingerências totalmente descabidas, mas que são acatadas. Aquele jornalista que, em conjunto com os demais profissionais da área de comunicação, decidir fazer um trabalho de verdadeira comunicação interna terá, com certeza, muitas dificuldades.

Um profissional consciente não pode ignorar que parece haver um foco de tensão permanente entre o contexto social mais amplo em que está inserido o trabalhador e o contexto diário de sua organização. Nesse sentido, pode-se recorrer a Castillo (1999, p. 15): "O contexto é nossa principal fonte de aprendizagem. Primeiro, porque dele dependem nossas sobrevivências [...] nossas maneiras de significar e de relacionarmo-nos, de perceber e de sonhar. O contexto nos vai construindo de uma forma da qual dificilmente sairemos em toda a existência". E Thompson (1998, p. 185) é muito claro quando diz que "o significado de uma forma simbólica, ou dos elementos constitutivos de uma forma simbólica, não é necessariamente idêntico àquilo que o sujeito-produtor 'tencionou' ou 'quis dizer' ao produzir a forma simbólica".

Ainda segundo Thompson (1998, p. 185), essa divergência potencial está presente na interação social diária, assim como na resposta indignada: "Isso pode ser o que você quis dizer, mas não é certamente o que você disse".

2 SOBRE FORMA E CONTEÚDO

Para analisar essa questão, é preciso elucidar outras interligadas a nosso problema central. A primeira delas é delimitar um conceito de organização para poder, em seguida, caracterizar aquele que será o público consumidor do jornalismo referido. Feito isso, analisa-se também o conceito de cultura organizacional, incluindo questões como ideologia e poder, para chegar às estratégias de comunicação adotadas pelas organizações e, por fim, desvendar como acontece a produção e como funciona a recepção do jornalismo organizacional.

Para o desenvolvimento deste trabalho, foram considerados dois jornais: o **Jornal A**, editado pela **Empresa A**, e o **Jornal B**, editado pela **Empresa B**, ambas de grande porte, com unidades em mais de um estado da União e no exterior. A **Empresa A** tinha, na época da pesquisa, cerca de 1,6 mil funcionários, enquanto a **Empresa B** empregava mais de quatro mil trabalhadores.

Os dois jornais são de circulação interna, ou seja, têm como público-alvo o corpo de funcionários. A tiragem do **Jornal A** é de 1,6 mil exemplares e a do **B** é de cinco mil exemplares. Sua circulação se restringe às unidades instaladas no Brasil.

O primeiro passo foi a leitura cuidadosa das edições selecionadas para observação da estrutura editorial: destacaram-se os tipos de matérias que compuseram a edição, os gêneros jornalísticos adotados, a forma de redação e a linguagem. Em seguida, montaram-se tabelas para visualizar com mais facilidade as pautas das diversas edições. Paralelamente analisou-se a estrutura gráfica, ou seja, o *design*, buscando evidenciar aspectos importantes da linguagem gráfica dos dois jornais.

Para analisar o material selecionado, a estratégia foi a seguinte:

a) estudo do discurso gráfico, ou seja, o que deixa transparecer ("diz") a forma como o material foi editado graficamente e a qualidade do *design* das páginas, com atenção especial para a proporção entre texto e ilustrações/espaços em branco, a qualidade do material reproduzido, verificando como se estabelece (e *se*, de fato, se estabelece) um contrato de leitura com o receptor, recorrendo para isso a Verón (1996) Fausto Neto (2001) e Eco (1999a);
b) verificação do tipo de matéria e gênero jornalístico empregado. Para essa análise o referencial teórico está pautado em Rego (1984);
c) identificação do sentido a partir da fala redigida e análise crítica da redação de textos, títulos e legendas, tendo como referência os critérios apresentados por Fausto Neto (2001), Chaparro (1994), Alsina (1996), Erbolato (1979), Martínes (1972), Amaral (1978, 1982) e Gomis (1991).

Pelo fato de a produção sobre o assunto não ser numerosa, recorreu-se, também, à pesquisa da pesquisa, ou seja, foram lidas e analisadas dissertações de mestrado e teses de doutorado sobre o tema, prospectando-se material nas bibliotecas da Universidade de São Paulo (USP), Universidade Federal do Rio Grande do Sul (UFRGS), Pontifícia Universidade Católica do Rio Grande do Sul (PUC-RS), Universidade do Vale do Rio dos Sinos (Unisinos) e Universidade de Caxias do Sul (UCS).

Das amostras

As edições do **Jornal A** analisadas nesta pesquisa foram publicadas de janeiro a dezembro do ano 2000. Os jornais **B** selecionados são do mesmo período. A escolha recaiu sobre essa amostra por haver à disposição:

a) pesquisas de clima organizacional que definem o público-alvo do jornal nesse período;

b) pesquisas que mostram os índices de satisfação com os veículos de comunicação da organização, também nesse período.

Além disso, esse foi o espaço de tempo em que os dois jornais tiveram a periodicidade mais respeitada.

Nenhum dos veículos possui espaços comerciais, e ambos são distribuídos gratuitamente. O **Jornal A** era editado por uma equipe interna de funcionários, enquanto o **Jornal B** era terceirizado. Na **Empresa A**, formou-se um comitê de comunicação integrado por dezoito pessoas de diversas áreas. Esse grupo de voluntários faz a ligação entre as fontes de notícia e o grupo de comunicação interna ligado às áreas financeira e administrativa da organização.

Bê-á-bá da programação

Na **Empresa A**, a pauta final do jornal é estabelecida por duas pessoas responsáveis pela comunicação interna, que a encaminham para o coordenador da área e para o diretor administrativo-financeiro, que formam, juntos, uma espécie de conselho editorial. A maior parte do material é encaminhada à área de comunicação interna por escrito. Não existe o trabalho de jornalismo propriamente, em que o profissional procura suas fontes, questiona, interroga, observa, busca aspectos pitorescos e interessantes e transforma tudo em notícia.

Objetividade, clareza de expressão, precisão nas informações, correção ortográfica e gramatical, elegância de estilo, técnicas de redação adequadas a cada tipo de matéria como pirâmide invertida, normal ou mista[10], dependendo do gênero, criatividade e adequação nos títulos, balanço na relação entre os gêneros jornalísticos e os tipos de matéria, definindo o mais apropriado para cada momento, além de detalhes de angulação, tipos de descrição e ênfase, são alguns dos aspectos nos quais um jornalista é especialista, enquanto um leigo os desconhece. Nesse sentido, as matérias do **Jornal A** deixam muito a desejar.

O **Jornal B** é de responsabilidade da área de *marketing*. Um conselho editorial composto de dezoito voluntários serve de ligação entre as fontes e o jornalista responsável por sua edição. Esse conselho se reúne mensalmente para discutir as matérias que farão parte da edição.

O **Jornal A**, com periodicidade trimestral, tem formato A4 e doze páginas divididas em cadernos de quatro páginas. Busca, ao lado das principais notícias e orientações da companhia, publicar matérias de lazer, cultura, esporte, saúde e comportamento, oferecendo uma possibilidade de leitura aos funcionários e seus familiares.

Ele circula desde 1974. Numa primeira fase, teve o formato A4, 21cm × 29,7cm. Depois assumiu o formato gibi, em respeito ao desejo dos leitores em pesquisa. Retornou, num terceiro momento, ao formato A4. A partir de dezembro de 2000, passou a ser impresso em seleção de cores. Curiosamente, observa-se que a edição de novembro de 2001 é especial: foi publicada uma pesquisa aplicada na organização pela área de recursos humanos. Seu formato, A4, foi a resposta à pesquisa sobre o sistema de comunicação da organização. Esse número saiu com dezesseis páginas, mas ficou estabelecido que, a partir daí, o jornal seria publicado no formato A4, com doze páginas fixas e seleção de cores (até então era impresso em três cores, um contrassenso, pois a diferença de custo de um processo para outro é mínima, e o ganho de qualidade é demais expressivo). Edições especiais deveriam, teoricamente, ser extras, sem prejudicar o conteúdo normal do jornal, principalmente considerando-se, neste caso, a trimestralidade. Isso demonstra o não compromisso com o leitor.

A periodicidade do jornal sofreu oscilações. Em certas épocas, foi editado mensalmente em alternância com outros períodos, em que foi bimestral e trimestral. Hoje o jornal é editado (teoricamente) a cada trimestre. Em 2000, caracterizou-se pela bimestralidade. Essa oscilação é um fator bastante negativo na edição de um jornal organizacional, pois interfere tanto no estabelecimento de um hábito regular de leitura quanto no próprio vínculo com o leitor.

A trimestralidade dificulta a elaboração de qualquer veículo impresso e, especificamente nesse caso, a dificuldade aumenta ainda mais ao se considerar que o jornal tem apenas doze páginas. A massa de informações que se acumula de uma edição até a outra é grande, tornando-se impossível informar novidades. Daí o fato de, como se constatou no campo, o jornal-mural concorrer com essa mídia impressa, principalmente quando se trata de classificados, oportunidades de promoção interna e divulgação de resultados para análise na participação de lucros. Deve-se considerar, ainda, que a periodicidade tende a tornar ultrapassadas as matérias informativas. Em um espaço de doze páginas é bastante difícil elaborar um informativo com matérias de teor mais interpretativo. Além disso são destacados outros dois aspectos: o vínculo entre o leitor e o veículo tende a se diluir, e o leiaute, pelo excesso de matérias, fica prejudicado, com tendência, naturalmente, a privilegiar textos em detrimento de fotos e ilustrações, sobretudo quando as matérias a divulgar forem institucionais e corporativas.

Um jornal organizacional equilibrado, em termos editoriais e de diagramação, deve apresentar pelo menos 40% de matérias do gênero interpretativo, 30% de matérias do gênero opinativo e apenas 20% de matérias do gênero informativo, reservando-se 10% do material publicado para lazer e entretenimento[11]. Para um leiaute atrativo os textos devem ocupar, no máximo, entre 60% e 70% do espaço de uma página, sendo o restante dedicado a ilustrações e ao espaço em branco. A tendência moderna do *design* gráfico aponta para um espaço ainda maior reservado a fotografias e ilustrações, com a ampliação do uso de gráficos, infográficos, tabelas e matérias codificadas de tal forma que oriente o leitor tanto na decodificação dos léxicos (leitura) quanto no aspecto visual. É linguagem corrente na área do *design* gráfico falar-se na valorização de dois discursos igualmente importantes: o discurso editorial e o discurso gráfico de qualquer peça impressa[12].

O **Jornal B** tem formato A4, com vinte páginas. Seu corpo varia com a inserção de encartes. É impresso em seleção de cores. Busca informar os colaboradores sobre os principais acontecimentos da organização e oferecer-lhes dados sobre saúde, educação, cultura e comportamento. Pretende oferecer matérias e reportagens também aos familiares dos funcionários e, seguidamente, traz encartes especiais interativos, principalmente destinados às crianças, algumas vezes envolvendo produtos da organização.

O jornal nasceu com quatro páginas em papel-jornal, impresso em uma cor, editado bimestralmente pela associação dos funcionários. Em menos de um ano foi adotado pela organização, que o fortaleceu no que diz respeito à periodicidade (mensal), ao número de cores na impressão (duas) e à qualidade do papel (ofsete alvejado e depois *top print*).

A partir de 1999, passou a ser impresso em papel-cuchê, o que lhe confere maior qualidade gráfica, e em quadricromia por seleção de cores, com dezesseis páginas fixas e encartes eventuais, bem como edições especiais (até então tinha, normalmente, doze páginas). Essas características deixam evidente a superioridade em relação ao **Jornal A**. Porém, comparar os dois jornais não é, nem poderia ser, o objetivo deste trabalho. Aqui se pretende verificar como cada um produz jornalismo e como a recepção julga esses veículos no papel teórico de instrumentos de difusão da cultura organizacional.

O **Jornal B**, mesmo quando evidencia aspectos institucionais ou corporativos, busca destacar a figura do trabalhador, seja nas fotografias, seja na redação. O foco central do jornal é o ator organizacional, e isso fica ainda mais claro na análise de fotografias de diversas edições. Na capa de um dos números estudados, uma matéria traz informações sobre um projeto da organização, com destaque para os colaboradores, que ela convida a se engajar. Na mesma edição, uma foto ocupa toda a página central, onde se destaca o grupo de empregados de determinado setor.

Percebe-se grande interesse em divulgar assuntos ligados aos familiares dos trabalhadores, com ênfase nas crianças. Isso aparece em boa proporção, entre fotos e textos. Embora a maioria das fotografias seja de boa qualidade, existem alguns fatos importantes registrados de forma amadora, o que, lamentavelmente, é comum em qualquer jornal organizacional, que peca nesse aspecto pela falta de profissionalismo. A facilidade de fotografar, a partir da popularização do sistema digital, traz uma desvantagem aos jornais organizacionais, já que câmeras amadoras possuem lentes de qualidade inferior e menor capacidade de resolução. Para impressão ofsete com qualidade uma fotografia deve ter, no mínimo, 300 pontos por polegada (dpi). Fotos normalmente produzidas em 72 dpi e fotos cujo tamanho original seja muito menor do que aquele a empregar-se resultarão em trabalho de baixa qualidade gráfica. Deve-se considerar, ainda, a qualidade estética da fotografia.

Uma pesquisa quantitativa, aplicada ao corpo funcional de todas as unidades da organização instaladas no Brasil, mostra o índice de 88,6% de aceitação plena do jornal e um índice de 76,11% de leitura dos familiares de colaboradores. Do total de leitores que participaram, 85,02% não eliminariam assunto algum dos que normalmente integram a pauta do veículo, o que demonstra bom nível de aceitação[13].

Perfil dos leitores

Uma pesquisa de clima organizacional, quantitativa, aplicada e tabulada pelo departamento de recursos humanos da **Empresa A**, em setembro de 2000, e publicada na edição de novembro, revela o perfil dos funcionários, o que, neste caso, significa dizer um perfil dos leitores-alvo. A maioria deles (84%) é do sexo masculino, com idade média de 35 anos. Setenta e oito por cento têm família constituída, e 32% já trabalham na organização entre três e dez anos. Três por cento possuem curso superior completo, 31% possuem ensino médio e 16%, o ensino fundamental. Setenta e quatro por cento têm residência própria, 55% deles têm carro, e 15% são aposentados.

3 O JORNAL A

Da mesma forma citada agiu a **Empresa B**. Sua pesquisa mostra também o perfil dos funcionários, ou seja, de seus leitores-alvo. A maioria deles (89%) é do sexo masculino, tendo 54,2% idade entre 26 e 40 anos. Com ensino fundamental incompleto são 33,4%, e 18,6% têm completo o ensino médio. Apenas 3,5% têm ensino superior completo e 82,3% ocupam cargos operacionais. Vinte e oito por cento trabalham na organização entre dois e cinco anos e 28,8% estão na organização entre seis e quinze anos.

A pesquisa qualitativa e a pesquisa quantitativa não são excludentes. É importante traçar bons perfis dos leitores-alvo, bem como adequar pautas a esses leitores.

Bê-á-bá da edição

Na edição de janeiro/fevereiro de 2000, uma matéria intitulada "Homenagem por tempo de organização (**Empresa A** valorizando sua gente)", importante para um grupo significativo de pessoas, ocupa a capa. Em seguida, na página 2, uma matéria sobre o aniversário da companhia. Assim disposto, o material ficou dividido, o que acabou prejudicando a abordagem tanto em termos editoriais quanto gráficos.

Nas páginas centrais da edição há um destaque para a criação de logomarca, material promocional e brindes, além de catálogos de aplicação de peças de apoio, material de ponto de venda, manuais técnicos e catálogo de aplicações.

O correto seria uma inversão. O material institucional e a logomarca poderiam ser capa, com uma chamada destacada para os homenageados, que estariam na página central, com a matéria do aniversário da organização. Isso permitiria melhor aproveitamento/valorização do material e um bom encadeamento do assunto.

Na imprensa diária são estabelecidos alguns critérios para a seleção do material a divulgar. Atualidade, relevância, interesse humano, universalidade são alguns deles (Amaral, 1969, p. 60 *apud* Lage 1979, p. 36). No jornal organizacional existe a tendência de divulgar todo o material sugerido ou remetido, o que acarreta, invariavelmente, problemas na estrutura editorial e gráfica do trabalho. Isso acontece por dois motivos básicos: a) o longo tempo que separa as edições; b) a falta de critérios para a seleção do material. Segundo Gomis (1991, p. 53),

> nem todos os fatos são percebidos, e entre os fatos percebidos nem todos servem como notícia. A essência da notícia é a capacidade de comentário que um fato tenha. Se um fato suscita comentários, é notícia. Se não os suscita, não é notícia, mesmo que seja impresso, porque não produz os efeitos que se espera da notícia, quer dizer, os efeitos que deram origem à própria existência das notícias de imprensa.

Conteúdo editorial

Com relação ao discurso editorial do jornal, é preciso frisar a ausência de entrevistas com trabalhadores e o fato de que, em nenhuma das matérias editadas, existe a fala de trabalhadores como fonte. Não há, ao longo de toda a edição, uma única fala direta. Além disso, a redação dos textos aponta falhas graves no que diz respeito à clareza, objetividade e correção gramatical. Alguns exemplos:

> "Os funcionários foram presenteados com música ao vivo nos restaurantes e com bombom acompanhado de mensagem agradecendo o empenho, dedicação e comprometimento, fundamentais para a parceria de sucesso."

Publicar em um jornal que os funcionários ganharam bombons e show dá ideia de quão pouco eles recebem em seu cotidiano de trabalho. Talvez merecesse destaque o sorteio de uma série de prêmios ou algo equivalente, mas não música e bombons. Na metade inferior da página, lê-se a matéria:

> "Com a preocupação de manter uma equipe de trabalho qualificada e motivada, a [...] mantém um programa de desenvolvimento [...]. Esse programa é um incentivo para que as pessoas se especializem, retornando aos estudos. Um dos programas é o Projeto [...] que iniciou em 1993 e encerrou em 1999. O projeto contou com a participação de 129 funcionários, todos aprovados. As aulas aconteciam nas instalações da Organização com a professora [...], que esteve com os alunos desde o início do programa."

Caso algum aluno fosse reprovado, o jornal mencionaria o fato?

Discurso gráfico

O formato gibi (22 × 15,5cm), adotado pelo **Jornal A** até novembro de 1999, dificulta a criação de um leiaute dinâmico. As medidas exigem a divisão em duas colunas e uma diagramação horizontal e simétrica. Títulos e outros efeitos gráficos, como linhas de apoio, olhos, cartolas, retranca, vinhetas[14], e qualquer tratamento especial nas fotografias são praticamente impossíveis.

A capa da edição mostra, em uma única foto (pequena), cinquenta pessoas e uma legenda. A matéria não especifica nomes. A foto imediatamente abaixo dela registra um dos diretores da organização, que, pelo que se deduz (a legenda está muito confusa), também é homenageado e aparece nas duas fotografias.

Se editado na página central e dispensando a foto que destaca o diretor, o material teria valorizado mais os empregados, já que o jornal é interno. O discurso gráfico da capa deixa clara a valorização da hierarquia. Na página 5 há quatro fotografias em tamanho reduzido, com grandes grupos de pessoas. Além disso, o leiaute é monótono por sua horizontalidade; as colunas, curtas e largas, confundem a leitura, e o leitor é obrigado a fazer um movimento em Z para ler a página, quando o correto seria dispor as colunas segundo o diagrama abaixo.

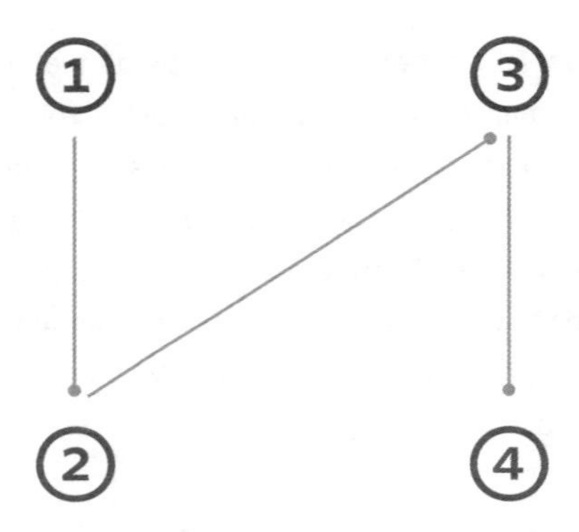

Na civilização ocidental a leitura acontece, sempre, de cima para baixo e da esquerda para a direita. Em todas as páginas analisadas, o espaço entre as colunas (*gutter*) é bastante estreito, o que dificulta e confunde a leitura.

A disposição das matérias na página 9, mais uma vez, prejudica o leiaute. Qualquer leiaute bem estudado disporia a matéria de maior tamanho e importância na parte superior da página. À menor, caberia a parte inferior[15]. Os elementos devem ser combinados para estabelecer ordem e unidade, de forma que cada um seja parte integrante do todo. Na página 9, vê-se exatamente o contrário, com o agravante de que a matéria maior destaca o trabalhador. A matéria disposta na parte superior da página enfatiza a informatização do Círculo de Controle da Qualidade (CCQ), ou seja, evidencia a organização.

A página 12 não recebe tratamento de contracapa. Foi diagramada como as demais, de forma horizontal, e é praticamente 100% texto. O editor poderia ter colocado apenas uma das duas matérias selecionadas, explorando melhor a página, tanto gráfica como editorialmente.

Isso demonstra um dos problemas crônicos do jornalismo organizacional: a falta de critério para selecionar e a falta de conhecimento sobre o que é, de fato, notícia.

Unidade, harmonia, simplicidade, proporção, equilíbrio, movimento, contraste e ritmo são algumas das principais características que compõem um leiaute de qualidade[16]. Esses aspectos, porém, são muito difíceis de obter com as limitações de material do **Jornal A**: formato, número de páginas e cores, sem considerar, evidentemente, a falta de critério na seleção das matérias a publicar.

Surgem os problemas

A capa da segunda edição do **Jornal A** destaca os grupos de CCQ vencedores de um concurso estadual. Retrancada com destaque para a homenagem aos vencedores internos do bimestre, ela ficou bem editada. O assunto tem importância suficiente para receber a capa e o destaque. A página 2 também está bem editada e apresenta homenagens da organização pelo Dia do Trabalho e pelo Dia das Mães.

A partir daí, porém, percebem-se problemas graves na edição do material. Por exemplo, as páginas 3, 5 e 7 têm matérias sobre qualidade, mas são intercaladas por matérias que nada têm a ver com os assuntos "tecnologia" e "desenvolvimento" (p. 4 e 6).

Na página 4, uma matéria sob a cartola *Desenvolvimento* fala em meio ambiente, assunto retomado na página 6. O material deveria ser editado em conjunto, e não separadamente.

Mais adiante, na página 9, são destacados dois talentos da organização. Uma matéria com o mesmo tema ficou na página 6, sob a cartola Tecnologia, completamente deslocada. E, ainda, na página 9, uma matéria atemporal sobre *Kaizen* ocupa espaço indevido, o que aumenta a confusão do processo de edição.

A contracapa deveria destacar o concurso fotográfico da página 8, onde estão sete minúsculas fotografias, que ainda dividem espaço com uma matéria sobre saúde. Na página 12, uma matéria mostra uma visita do grupo de comunicação a uma organização, com foto, texto, nomes e ramais (que deveriam estar no expediente, de forma fixa). O material, editado dessa forma, não deveria estar na edição, pois dá destaque apenas a quem faz o jornal.

Balanço da edição:
conteúdo, morfologia e presença do trabalhador

Tipos de matérias redigidas	
Nota	4
Notícia	16
Artigo	0
Editorial	0
Crônica	0
Entrevista	0
Reportagem	0
Matéria informativa atemporal	5

Gêneros de matérias	
Matérias-retrato	5
Matérias departamentais	2
Matérias grupais	12
Matérias de ilustração	0
Matérias orientadoras	4
Matérias de entretenimento	0
Matérias associativas	2
Matérias de interesse feminino	0
Outras	0

Gêneros jornalísticos	
Informativo	100%
Interpretativo	0
Opinativo	0

A matéria da parte inferior da página 9 introduz o assunto *Kaizen*, que ocupa toda a página 10. Esse lugar deveria ser ocupado por uma matéria mal posicionada que está na página 6 (Em defesa do Meio Ambiente). Da forma como está posicionada, a leitura e interpretação dos dados ficam bastante difíceis.

a) Qualidade do texto

Uma retranca com fotografia mostra os integrantes de outros dois grupos que se destacaram no bimestre e foram homenageados, como já é tradição, com um churrasco de integração. O tema é adequado para a capa, evidenciando os trabalhadores, com fotos e nomes. No entanto, o texto da matéria-chave está redundante e mal redigido.

> "No último dia 20 de maio a [...] esteve muito bem representada no XIV Concurso Estadual dos Trabalhadores de CCQ e VII Concurso Estadual de Times da Qualidade, em Novo Hamburgo. Estes dois grupos são motivos de orgulho para todos nós, pois mostraram a garra, o desempenho exemplar e o é que mais importante (sic) conquistaram dois títulos para a [...]
>
> Valeu, Pessoal! Os grupos tiveram uma excelente atuação, deram um show de criatividade e dedicação, acompanhado de um grande espírito de integração e coleguismo.
>
> A [...] esteve presente com uma comitiva de aproximadamente 100 funcionários, entre diretores, gerentes, circulistas e multiplicadores, que deram a maior força aos grupos. Aos colegas do [grupo premiado] e [idem] nosso reconhecimento e gratidão por terem representado tão bem a [...]."

Se fosse redigido da forma sugerida a seguir, o texto ocuparia menor espaço, e haveria melhor aproveitamento das fotografias, sem prejudicar a qualidade da informação.

> "A [...] esteve presente no XIV Concurso Estadual dos Trabalhadores de CCQ e VII Concurso Estadual de Times da Qualidade, em Novo Hambur-

> go, em maio, representada por uma comitiva de 100 integrantes, entre diretores, gerentes, circulistas e multiplicadores. Dois de seus grupos de CCQ conquistaram títulos: [...] Aos colegas do [nome do grupo premiado] e do [idem] nosso reconhecimento."

"Muito bem representada", isso é óbvio! Se ela estivesse mal representada, certamente o jornal não comentaria. Além disso, numa matéria informativa, a primeira coisa a fazer é descartar os juízos de valor e as opiniões.

"Estes dois grupos": quais grupos? Eles ainda não foram mencionados. Os dois trechos selecionados a seguir:

> "– Valeu, Pessoal! Os grupos tiveram uma excelente atuação, deram um show de criatividade e dedicação, acompanhado de um grande espírito de integração e coleguismo."
>
> "– A [...] esteve presente com uma comitiva de aproximadamente 100 funcionários, entre diretores, gerentes, circulistas e multiplicadores, que deram a maior força aos grupos."

mostram a abundância desnecessária de adjetivos. Sobriedade e simplicidade na informação teriam sido mais convincentes a qualquer leitor. Mais uma vez se nota a ausência completa de fonte, nenhuma citação, nada de depoimentos, nada de entrevistas.

Na segunda página da edição, há duas matérias de interesse para o leitor: "[...] comemora com funcionários" e "Dia das Mães". O conteúdo revela-se adequado: possui fotografias de trabalhadores e familiares, cita nomes e identifica trabalhos vencedores em concurso interno. Uma prova irrefutável de que o assunto interessa ao trabalhador é o número de participantes do concurso citado na primeira matéria: 683.

Nas entrevistas feitas durante a pesquisa, ficaram claras duas questões interessantes: a) a comunicação nas organizações pesquisadas acontece de forma descendente, é rígida e mostra um sistema hierarquicamente bem demarcado; b) existe um desejo grande de as pessoas verem-se espelhadas nos jornais organizacionais.

No **Jornal A** há um percentual maior de matérias cujo foco é a organização em relação ao de matérias com foco no indivíduo, o que comprova as assertivas a e b mencionadas pelos entrevistados. Se a organização procedesse de forma contrária, colocando o indivíduo como ponto de partida ao passar a mesma mensagem, estaria, em primeiro lugar, satisfazendo o desejo do leitor-alvo (espelho) e, em segundo lugar, difundindo os elementos de sua cultura também de forma horizontal e ascendente, com mais possibilidade de aceitação e simpatia, porque eles partiriam do discurso da recepção.

Em entrevistas em uma das organizações pesquisadas ouviram-se as seguintes colocações: a) "Eles vão demitir quem não tem pelo menos o 1º grau"; b) "Eles vão exigir que todos os que não têm o 1º grau estudem e, para isso, estão pagando o estudo". Qual das duas falas é verdadeira? O mesmo aconteceu quando uma das organizações começou a divulgar a implantação de *Kaizen*. A resposta foi a suspeita de que a partir dali muitas pessoas seriam demitidas.

Os jornais organizacionais são contemporâneos do surgimento da imprensa e das próprias organizações. Isso por si mostra sua relevância. Muitas organizações, porém, parecem não ter se dado conta da importância de como e o que dizer. É preciso considerar que

> sempre existem várias leituras possíveis dos conjuntos textuais que circulam no interior de uma sociedade, do ponto de vista de sua produção. Um mesmo texto pode ser submetido a diversas leituras [...] Em relação ao conjunto textual dado, e para um nível determinado de pertinência, sempre existem duas leituras possíveis: a do processo de produção (de geração) do discurso e a do consumo, da recepção desse mesmo discurso. (Verón, 1996, p. 18-20)

As gramáticas da produção e da recepção jamais serão idênticas. Os pontos nos quais elas se aproximam vão permitir a circulação, que traduz, assim, o sistema de relações entre as condições de produção e as de recepção.

> O conceito de circulação designa precisamente o processo pelo qual o sistema de relações entre condições de produção e condições de recepção é, por sua vez, produzido socialmente. "Circulação" é, pois, o nome do conjunto de mecanismos que formam parte do sistema produtivo, que definem as relações entre "gramática" de produção e "gramática" de reconhecimento para um discurso ou um tipo de discurso. (Verón, 1996, p. 18-20)

Na página 3, uma matéria sobre 5S se apropria de três falas, todas indiretas. Não há declarações textuais dos supostos entrevistados.

> "– Fulano de tal, coordenador de 5S no [setor], salienta o grande empenho de seus colegas.
>
> – A diretora da Escola, sra. Beltrana, demonstrou sua satisfação com a doação da [Empresa A]. Salienta que o investimento que seria para a compra dos vidros foi destinado a outras aquisições para o laboratório.
>
> – O colega Cicrano, do [setor], vem acompanhando de perto o desenvolvimento do programa dentro da organização, e mostra-se satisfeito com o empenho dos envolvidos e resultados obtidos."[17]

O texto em questão destaca trabalhadores em fotografias; divulga o programa 5S e estimula, indiretamente, sua adoção em outros setores; mostra suas vantagens e faz um elo entre a organização e a comunidade em que está inserida. O papel de organização-cidadã, hoje, é cada vez mais importante para as companhias, e a matéria ressalta esse aspecto. Nela, e na intitulada "Grupos de CCQ na X Mostra da Semana da Qualidade: um show de criatividade e resultados que merecem aplausos", percebem-se sugestões de espontaneidade, iniciativa própria, interesse e vontade do trabalhador em "vestir a camisa" da organização. Na mesma medida, elas apontam vantagens como conforto, limpeza, ordem e melhor ambiente de trabalho.

Assim, na primeira leitura, ou em uma leitura menos crítica, computam-se mais vantagens para o trabalhador que para a organização em todas essas iniciativas. Isso fica ainda mais evidente quando os trabalhadores dão seus depoimentos, falam em entrevistas, são identificados pelo nome e aparecem em fotografias no jornal da organização. O discurso adotado possibilita uma associação com o conceito de ideologia, segundo o qual ela:

> nasce para fazer com que os homens creiam que suas vidas são o que são em decorrência da ação de certas entidades (a Natureza, os deuses ou Deus, a Razão ou a Ciência, a Sociedade, o Estado) que existem em si e por si e às quais é legítimo e legal que se submetam. Ora, como a experiência vivida imediata e a alienação confirmam tais ideias, a ideologia simplesmente cristaliza em "verdades" a visão invertida do real. Seu papel é fazer com que no lugar dos dominantes apareçam ideias "verdadeiras". Seu papel também é o de fazer com que os homens creiam que tais ideias representam efetivamente a verdade. E, enfim, também é seu papel fazer com que os homens creiam que essas ideias são autônomas (não dependam de ninguém) e que representam realidades autônomas (não foram feitas por ninguém). (Chaui, 1998, p. 87)

Por outro lado, estudar ideologia demanda também a investigação das maneiras de construção e uso do sentido pelas formas simbólicas de vários tipos, desde a linguagem cotidiana até as imagens e os textos. É essencial investigar, também, os contextos sociais nos quais essas formas simbólicas estão empregadas. A produção precisa conhecer a capacidade de leitura do público a que a mensagem se destina. É fundamental conhecer a gramática da recepção para aumentar as possibilidades do que se vai chamar de leitura fechada, ou seja, uma leitura na qual se consigam reduzir os "pontos de fuga".

A matéria "[...] conquista Troféu Bronze no Prêmio Qualidade RS", publicada no alto da página 7 da edição em análise, é um exemplo claro dessa "construção de sentido". No início da matéria, lê-se:

> "A [organização] conquistou pela segunda vez consecutiva o Troféu Bronze no Prêmio Qualidade RS, do PGQP – Programa Gaúcho da Qualidade e Produtividade. [...]. Baseado em sete critérios [...] é dividido em qua-

tro categorias: Medalha, Troféus Bronze, Prata e Ouro. A conquista de uma das categorias é pré-requisito para a companhia poder concorrer à fase seguinte."

O fato de a organização haver se inscrito duas vezes para a mesma categoria (Bronze) sinaliza que não houve evolução em seu sistema de gestão da qualidade. Despreparada para disputar a etapa seguinte (Prata), ela permaneceu na mesma em que se inscrevera no ano anterior. No entanto, o sentido construído pela divulgação do fato no jornal é completamente diferente, soando como uma conquista real.

b) Diagramação

Na segunda edição em análise, a página central foi impressa em quadricromia por seleção de cores, o que valorizou uma matéria sobre a campanha de divulgação da nova logomarca de uma das organizações do grupo. Na edição seguinte, a página central voltou a ser impressa como o restante do jornal, ou seja, em três cores. Nessa edição, poderiam ter sido impressas quatro páginas em seleção de cores sem a menor alteração de custo, e imprimir o jornal todo em seleção de cores representaria um acréscimo de cerca de R$ 300[18]. Pode-se extrair, daí, a falta de planejamento gráfico, além de sugerir que:

a) a organização considera o **Jornal A** uma despesa e não um investimento;
b) quando se trata de falar da companhia diretamente (no caso a logomarca), há interesse em qualificar o jornal.

Vale observar que esse fato nem sempre passa despercebido pela recepção. Prova disso são as declarações dos entrevistados quando afirmam, por exemplo: "Quando é pra nós, os *home* não podem gastar". Foi o que se ouviu em algumas das entrevistas feitas.

A maioria das fotografias da edição é de boa qualidade. O que prejudica o leiaute das páginas é o tamanho em que elas são dispostas, devido ao excesso de matérias e ao formato do jornal. Em uma das edições analisadas, nas páginas 7 e 8 o leiaute ficou bastante prejudicado. Em cada uma das páginas foram diagramadas sete fotografias ocupando meia página; na página 7, porém, a matéria menor foi diagramada na parte superior, o que prejudicou o leiaute, como já se afirmou anteriores. A matéria realmente é importante para a organização e deveria ter recebido tratamento mais cuidadoso.

Nas páginas 10 e 11, há excesso de matéria em proporção a fotos e ilustrações, o que torna a leitura difícil e as páginas pesadas e monótonas, considerando principalmente que o jornal inteiro foi diagramado em duas colunas.

Falhas comuns na diagramação do **Jornal A** são: editar a matéria menor na parte superior da página, o que desconfigura o leiaute e mostra um contrassenso em relação à valorização da cabeça da página; e dividir uma matéria em duas páginas, deixando a porção menor de matéria justamente na primeira página.

Principais falhas

Foi analisado detalhadamente cada um dos **Jornais A** que integraram o *corpus* da pesquisa. Dois foram selecionados para demonstração documentada, pois percebeu-se que, de modo geral, as características se repetem. A forma como as matérias são distribuídas nas respectivas páginas prejudica a leitura e a interpretação.

Em uma das edições, por exemplo, observa-se: cartola *Qualidade* (quatro páginas), *Social* e *Talentos*, para depois voltar à *Organização* (duas páginas) e à *Kanban* (uma página), seguindo-se a cartola *Clube Recreativo* (duas páginas). A sequência ideal seria: *Qualidade*, *Organização*, *Kanban*, *Social*, *Talentos* e *Clube Recreativo*, agrupando matérias institucionais, ligadas à organização, e matérias mais leves, referentes aos empregados. Todas as edições apresentam falhas no processo de distribuição do material, ou seja, na edição gráfica. O ideal teria sido esgotar um tipo de matéria e, depois, partir para outro[19].

Balanço da edição:
conteúdo, morfologia e presença do trabalhador

Tipos de matérias redigidas	
1. Nota	3
2. Notícia	13
3. Artigo	0
4. Editorial	0
5. Crônica	0
6. Entrevista	0
7. Reportagem	0
8. Matéria informativa atemporal	9

Gêneros de matérias	
1. Matérias-retrato	3
2. Matérias departamentais	2
3. Matérias grupais	10
4. Matérias de ilustração	0
5. Matérias orientadoras	4
6. Matérias de entretenimento	1
7. Matérias associativas	5
8. Matérias de interesse feminino	0
9. Outras	0

Gêneros jornalísticos	
1. Informativo	100%
2. Interpretativo	0
3. Opinativo	0

Proporção texto/ilustrações	
1. Presença de textos no jornal	79,4%
2. Presença de fotos/ilustrações	20,6%
3. Presença de gráficos informativos	0

Participação ativa do trabalhador no jornal	
1. Matérias com foco nos trabalhadores	46%
2. Matérias com falas de trabalhadores	4%
3. Matérias em que o trabalhador é fonte	4%
4. Outras	46%

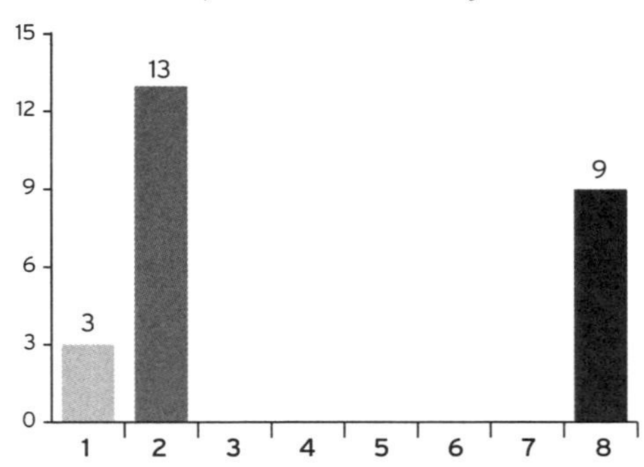

Gêneros de matérias

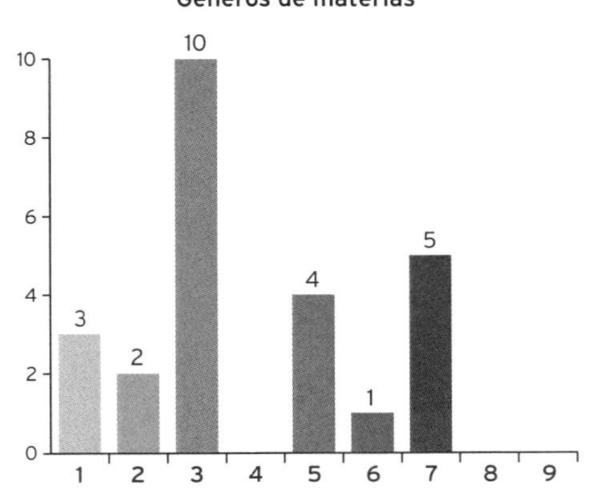

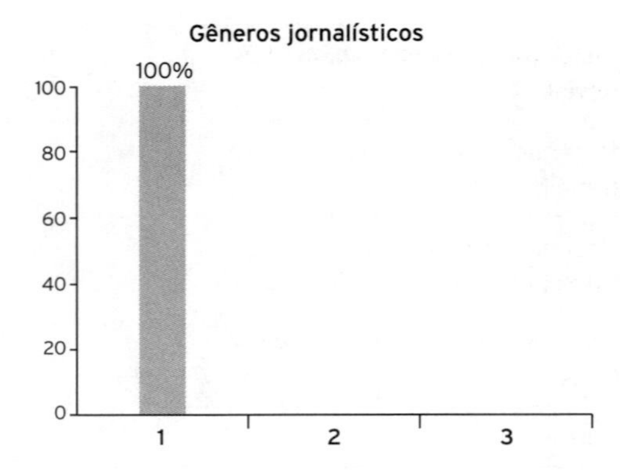
Gêneros jornalísticos
100%
100
80
60
40
20
0
1
2
3

Proporção texto/ilustrações
100
80
60
40
20
0
79,6%
20,6%
1
2
3

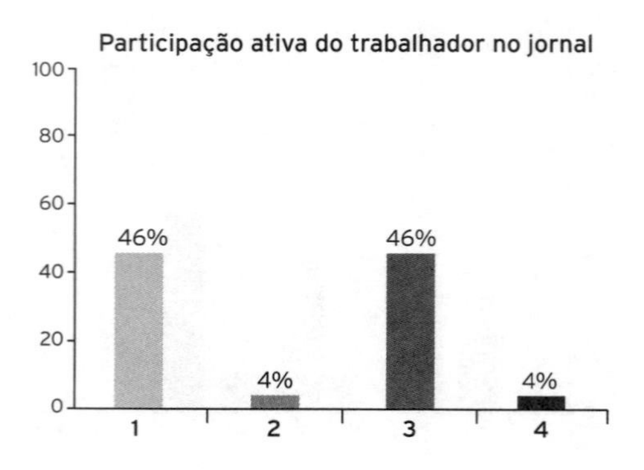
Participação ativa do trabalhador no jornal
100
80
60
40
20
0
46%
4%
46%
4%
1
2
3
4

Dois dos números selecionados mostram, como notícia, uma parte do próprio grupo de comunicação, responsável pela edição do jornal. Na primeira, eles aparecem na contracapa. Na segunda, eles aparecem na capa, e nos dois casos com fotografia. Isso mostra falta de critérios na seleção dos fatos a publicar. As já citadas visitas a outras organizações mereceriam, no máximo, uma nota dizendo que o grupo visitou outras companhias com o objetivo de medir a qualidade da comunicação da **Empresa A**.

A maneira como as matérias são editadas também está distante do que se considera um bom jornal. Percebe-se claramente que foram entregues por escrito a alguém que as transcreveu tentando dar-lhes um texto mais ameno. São excessivamente técnicas, não mostram gráficos, tabelas, boxes[20] ou retrancas. Aparecem na forma que, no jargão jornalístico, chama-se tijolo[21].

Há uma média de vinte e cinco matérias por edição, o que evidencia a impossibilidade de explorar qualquer dos títulos em maior profundidade, principalmente considerando-se o formato gibi.

O **Jornal A** funciona, na verdade, como relatório de fatos passados, invariavelmente explorados no gênero informativo (respondendo basicamente às questões o quê, quem, onde, quando, como e por quê). As edições analisadas somam aproximadamente cem matérias, considerando-se que uma delas é especial e contém apenas a tabulação da pesquisa de clima organizacional desenvolvida na empresa. Das matérias mencionadas, seis noticiam fatos que ainda estavam por acontecer.

Lembrando estudo adaptado por Schramm (1973), Gomis (1991, p. 86) afirma:

> Estima-se que entre 100 mil e 125 mil palavras cheguem de distintas fontes à redação central da agência ao longo do ciclo informativo diário. Dessas, os chefes escolhem e transmitem para os Estados Unidos 238 itens com quase 57 mil palavras. A redação da agência em Washington escolhe uns 77 itens com 13.352 palavras para os diários da região. Isso representa 27% dos itens e 24% das palavras recebidos.

Ainda segundo o autor, a cadeia seletiva continua com o leitor, que acaba por ler, em média, uns 15 itens ou 2.800 palavras.

De modo geral, o **Jornal A** apresenta títulos demagógicos[22], excessivamente longos, com artigos demais e dois-pontos, o que prejudica a fluência. Além disso, são grafados sem o menor destaque, e muitas das matérias sequer são tituladas. Muitas vezes, elas iniciam em um rodapé de página para seguir na página seguinte, ocupando pelo menos dois terços dela e sem nenhum título, intertítulo ou entretítulo[23].

A confusão na edição gráfica continua quando o jornal muda para o formato 21cm × 29,7cm, com o agravante de cores, arabescos e outros efeitos gráficos confundirem a leitura e deixarem as páginas ainda mais pesadas[24]. As fotografias, que nesses jornais normalmente são de péssima qualidade, no **Jornal A** são muito boas, mas publicadas em tamanho reduzido.

A organização não se compromete com a periodicidade do jornal. No bimestre maio/junho ele não circulou, e a edição que corresponderia ao bimestre outubro/novembro foi, na verdade, a publicação do resultado de uma pesquisa de clima organizacional. Foi inteligente usar o jornal de circulação interna para divulgar a pesquisa, considerando principalmente que ela apresentou bons resultados; porém, isso deveria acontecer numa edição extra, sem prejudicar as edições normais do periódico.

Por ser trimestral, o **Jornal A** deveria privilegiar o gênero jornalístico interpretativo, reduzindo o número de matérias e ampliando o leque de análise de alguns fatos selecionados. Para isso bastaria escolher matérias maiores e mais bem exploradas. No jornal acontece exatamente o contrário. O gênero empregado em 100% do material analisado é informativo. Os textos não têm boa estrutura: objetiva, sem exagero de adjetivos, com verbos dinâmicos e oferta de dados concretos ao leitor. Um exemplo: "Em comemoração aos 20 anos do [clube de funcionários], foi realizado sorteio de brindes envolvendo todos os funcionários. Na foto alguns dos colegas que foram contemplados na companhia do vice-presidente, o colega fulano de tal".

Em primeiro lugar, não são citadas as pessoas sorteadas, embora na foto apareçam apenas quatro. Em segundo lugar, menciona-se o nome da autoridade maior, o que dá a conotação de que a autoridade, o poder, a hierarquia são fortes na organização. A comunicação, então, funcionaria de maneira descendente (de cima para baixo).

Alguns aspectos ficam claros na análise do **Jornal A**:

a) o veículo apresenta deficiências graves de edição;
b) nele não há fontes diretas, diálogo, entrevistas, troca de falas entre a reportagem e quem fornece as informações;
c) ele funciona principalmente como ferramenta da área de treinamento operacional, pois aborda aspectos de treinamento e do Círculo de Controle da Qualidade (de forma pouco interessante);
d) as informações, os dados, incentivos e estímulos sobre como agir, proceder, são descendentes, ou seja, vêm de cima para baixo, o que facilita as múltiplas leituras e estabelece "desconfiança" em relação ao veículo;
e) há uma grande valorização do poder e da hierarquia;
f) o desrespeito à periodicidade enfraquece o vínculo com os leitores;
g) a comunicação é descendente[25];
h) não existe um contrato de leitura[26] com o público a que é endereçado, principalmente se for considerado que "é preciso respeitar o hábito visual do leitor, acostumado a encontrar sempre na mesma página e no mesmo lugar o mesmo assunto ou tipo de informação. Assim, manter essa tradição e orientação deve ser uma das obrigações fundamentais do diagramador" (Brajnovic, *apud* Silva, 1985, p. 67);
i) faltam critérios na seleção do que é, de fato, notícia, o que resulta em edições com excesso de matérias e em matérias com abordagem descritiva e simplista. Ao estabelecerem-se critérios, o número de matérias poderia ser menor, com abordagens mais atraentes, contextualizações, interpretação, melhor aproveitamento das fotos e um leiaute agradável.

Esses aspectos todos levam a uma reflexão importante que envolve os conceitos de informação e conhecimento. Alguém pode, com certeza, estar informado sobre algo sem possuir, de fato, conhecimento sobre o tema. Ou, inversamente, conhecer sem estar informado. Porém, para que haja o processo de interpretação, faz-se necessário, indubitavelmente, o conhecimento contextual, ou seja, a capacidade de analisar e relacionar as forças que atuam em determinado campo. Portanto, enquanto uma companhia oferecer em seu jornal apenas a informação, sem a relação com o contexto específico, correrá sério risco de cair em descrédito. Essa questão também dá margem à discussão sobre o uso (e o abuso) do poder na cadeia hierárquica das organizações, sobretudo quando a equipe de comunicação é literalmente obrigada a publicar fatos que não merecem destaque, mas são inseridos na pauta por pressão superior.

4 O JORNAL B

Bê-á-bá da edição

Um dos jornais **B**, que marca o encerramento do ano, tem como reportagem de capa a festa de Natal oferecida aos trabalhadores. A foto, como acontece em quase todas as edições, é de boa qualidade e corresponde ao espírito da matéria: o filho de um dos trabalhadores sentado no colo do Papai Noel.

Na parte interna do jornal, a reportagem sobre esse assunto ocupa três páginas, com muitas fotos de trabalhadores e com fotos das festas de fim de ano nos diversos setores.

No **Jornal B**, as matérias que se referem diretamente à organização concentram-se nas páginas de abertura e na contracapa, espaços nobres. A edição 122, por exemplo, traz na segunda página uma matéria sobre a nova composição da diretoria; na página 3, uma sobre prêmios que a organização conquistou e, na contracapa, uma matéria sobre novidades nos produtos da organização e em uma de suas unidades. Essa estrutura se repete em todas as edições do ano em questão, o que define, além de um contrato de leitura com o leitor, uma política da organização com relação ao jornal: o **Jornal B** é um espaço para mostrar aos trabalhadores fatos relevantes da organização. O fato de existir um *mailing* de quinhentos leitores de diversos pontos do país que recebem o **Jornal B**, por terem pedido ao departamento de *marketing*, mostra que o jornal traça um "mapa" da organização. Se o eixo central fosse o cotidiano dos trabalhadores, com certeza não despertaria o interesse de pessoas de fora da companhia.

O jornal serve como veículo de comunicação interna das diversas unidades do grupo, o que dificulta a edição de um bom trabalho. Como já foi dito, um jornal organizacional terá um padrão alto quando conseguir agregar as qualidades de um bom trabalho jornalístico aos objetivos da organização e aos anseios do leitor.

Isso significa que um jornal organizacional deve ser bem redigido, bem diagramado, publicar boas fotografias, pesquisar ângulos interessantes nas matérias editadas, adotar um critério de seleção que privilegie o interesse comum e mostre novidades, servindo ao objetivo básico de mostrar os valores e a cultura da organização, mas com seriedade, transparência e sem demagogia. Ao mesmo tempo, é preciso respeitar os valores dos empregados. Para que isso aconteça, deve haver um efetivo trabalho de jornalismo, ao contrário do que acontece em relação às pautas das coirmãs.

É possível notar que predominam as pautas das duas unidades centrais, mas entram nas edições assuntos ligados às unidades instaladas fora do país e às organizações coirmãs de outros estados. A rigor, a estratégia não funciona democraticamente. O grupo de leitores (em torno de cinco mil, considerando-se apenas os empregados e não seus familiares) recebe informações sobre a "organização-mãe" e sobre seus trabalhadores, mas as informações divulgadas acerca das demais unidades e coirmãs são defasadas, irrelevantes e despersonalizadas, ou seja, funcionam na base de dados recebidos por escrito, sem uma abordagem que realmente interesse e uma discussão de pauta.

Entendendo-se que o **Jornal B** é editado para mostrar, divulgar e promover a imagem da organização entre os trabalhadores, e que ela pretende fazer o mesmo com as demais unidades e coirmãs, seria mais eficaz um trabalho de jornalismo de campo, ou seja, a circulação efetiva da reportagem/editoria nas demais organizações, bem como a discussão da pauta entre coirmãs e outras unidades do grande grupo (conselho editorial).

Normalmente, as duas ou três últimas páginas internas do jornal divulgam assuntos de esporte e lazer ligados à Associação dos Funcionários. Na edição em questão, porém, isso não aconteceu. O material de esporte foi editado na página 8, enquanto na página 11 foi colocada uma matéria sobre como administrar o orçamento doméstico. Uma inversão seria adequada, pois respeitaria a ordem tradicional de distribuição de matérias, fato que já se destacou como importante.

Além disso, uma página sobre "como economizar", publicada logo depois do Natal, ano-novo e período de férias, quando maioria das pessoas já cometeu excessos próprios das datas, é inoportuna. Isso deveria ter acontecido em outubro ou novembro. Atribuir o sucesso do orçamento doméstico à poupança, ao sacrifício e ao planejamento é redutor.

A presença do *gimmick* (boneco-símbolo) da organização indica a capacidade que ela tem de suprir as necessidades básicas das famílias, ou seja, o problema jamais será o salário, mas a incapacidade do empregado para planejar. Ao analisar qual o papel do jornal sob a ótica da organização, a matéria está perfeita.

Observa-se na edição, bem como em toda a série analisada, a presença muito forte do *gimmick*, sempre que a organização deseja passar uma mensagem importante ao trabalhador. Economia, qualidade, redução de desperdício e treinamento são assuntos levados ao trabalhador sempre pela figura do boneco, com graça e simpatia.

Conteúdo editorial

Em janeiro, tradicionalmente, em função do período de férias, a organização não edita o jornal. Assim, circulam onze edições anuais e, a cada dois anos, quando é aplicada uma pesquisa de clima organizacional, é produzida uma edição especial reunindo os resultados obtidos.

A rigor, a edição analisada apresenta notícias desatualizadas e pouca diversificação de assuntos. Há que se considerar, porém, o período de férias e o fato de não haver jornal em janeiro. Mesmo assim, a matéria "[nome da organização] tem novos produtos", por exemplo, reporta-se a um lançamento que ocorreu em dezembro. O material deveria ter composto a edição daquele mês. O mesmo acontece com uma matéria referente às novidades agregadas a determinado produto, atemporal, mas que ajuda a engrossar a falta de atualidade do jornal. Como afirma Gomis (1991, p. 32), "os meios mediam entre o passado e o futuro convertendo todos os tempos em presente e convidando-nos a atuar nesse tempo difuso, imaginado como um presente aberto ao vir".

A falta de precisão ao passar informações é uma das maiores características do jornalismo organizacional em geral, e o **Jornal B** não foge à regra. Exemplo disso é a matéria a seguir, editada na página 9.

> "Já completamos dois meses de implantação do programa [...] e até agora tivemos uma participação muito boa através das urnas, dos telefones e dos atendimentos."

Em primeiro lugar, o advérbio "já" é completamente desnecessário. Em segundo lugar, seria mais interessante divulgar números do que usar participação "muito boa". Ou a participação realmente foi boa e se divulgam números, ou se diz que não foi boa, na intenção de promover uma nova chamada, informando que o programa continua à disposição, descrevendo os objetivos e explicando como pode acontecer a participação. Essa pode ser uma estratégia para atingir o leitor; no entanto, como se demonstrará no decorrer do estudo, ela também não é eficaz.

Em um total de 24 matérias editadas, quatro (16,5%) dizem respeito a produtos, lançamentos e prêmios conquistados, enfim, assuntos que compõem normalmente a pauta de um jornal organizacional de circulação externa: "Diretoria tem nova composição", "[...] conquistou prêmios", "As novidades do [produto]" e "[nome da organização] tem novos produtos". Considere-se isso um fator positivo, pois os trabalhadores gostam de saber de fatos da organização que extrapolem seu setor, ou seja, novos produtos e mercados, inauguração de unidades, mudanças na composição da diretoria e das gerências. Muitas organizações não falam sobre esses assuntos ao traçar a estratégia de seu jornal, o que é uma falta grave.

A maior parte das matérias é redigida com textos curtos, retrancados ou textos-legenda, prática que facilita a leitura. A linguagem é correta, simples e adequada a um jornal organizacional.

Em muitos casos, principalmente nas matérias mais extensas, privilegia-se a ordem cronológica, o que torna a leitura muito relatorial do ponto de vista jornalístico. O ângulo que levou a matéria para a pauta acaba sendo o menos privilegiado. Isso é muito comum nos jornais organizacionais por dois motivos básicos: ou quem os redige não é um especialista no assunto ou, apesar de o jornal contar com um especialista em sua redação, há ingerência de leigos no processo.

Alguns exemplos: "Desde setembro a pintura trabalha firme na implantação do Sistema 5S, um programa para organizar..." (página 4). Se isso começou em setembro e é tão importante, por que noticiar somente em fevereiro?

Na mesma página: "Como já informamos, a cada edição do [Jornal B] vamos publicar um item da norma ISO 9000/2000".

Se já informaram, por que repetir? "Está concluída a implantação do Plano de Remuneração [...] para os cargos técnicos..." (página 9).

Somente no final da matéria há o destaque de sua importância para as pessoas, o que seria o melhor gancho como material jornalístico. Existe um predomínio de matérias informativas sobre as opinativas e interpretativas. Na edição, o editorial foi considerado opinativo, e a reportagem sobre orçamento doméstico foi classificada como interpretativa, embora devesse, nesse caso, ser mais ampla, com abordagem de outros ângulos da questão, com fontes diferentes, reproduzindo entrevistas com pessoas para ver como elas procedem.

Discurso gráfico

O **Jornal B** utiliza muitas ilustrações, o que facilita a leitura e confere leveza estética a suas páginas. Traz cartolas que identificam seções fixas, o que disciplina e ordena a leitura. Usa como chave para efeitos gráficos a cor da organização e a combina às demais cores, harmoniosamente. As fotos são diagramadas em bom tamanho, o que é fundamental para que o leitor se identifique, distinguindo-se dentre os demais.

A capa tem bom tratamento, com foto destacada, chamadas e logo. Muitos jornais organizacionais dão à capa o mesmo tratamento visual de uma página interna, o que deixa o material pesado e pouco atraente. Por outro lado, alguns jornais/boletins dão às capas o *design* de capas de revista, com uma única foto, ampliada, e sem chamadas ou fotos para as demais matérias, o que é incoerente com a função do veículo e com o espaço que ele normalmente pode oferecer à sua matéria principal.

Uma característica evidente na edição, que se repete nas páginas seguintes, é o uso de espaços brancos. Ela cumpre os requisitos básicos de um trabalho bem diagramado: apresenta equilíbrio, harmonia, bom tensionamento, simplicidade, unidade, ritmo, contraste, destaque e movimento. As matérias são bem dispostas, segundo o destaque que "merecem". Silva (1985, p. 13-4) ressalta:

> É na diagramação onde se vai encontrar todo o segredo do discurso gráfico, em que a tipologia mínima contida harmonicamente e padronizada alia-se ao ritmo dado às mensagens. Em vez de preto ocupando cada pedacinho de papel, a leveza do espaço em branco valoriza a mensagem e o efeito sutil é obtido com o planejamento gráfico e a significação estética.

Tendências se confirmam

O segundo número analisado do **Jornal B** foi editado com dezesseis páginas e com um encarte especial de duas, alusivo aos quinhentos anos do Brasil. A análise do processo confirma as tendências traçadas na edição anterior. As matérias ligadas a produtos, processos e unidades fabris aparecem logo no início e mostram uma imagem de solidez, atualidade e crescimento da organização. Podem, perfeitamente, compor a pauta de um jornal de circulação externa.

Em determinados momentos, percebe-se que a organização consegue avaliar a importância do jornal para a divulgação de sua cultura, valores e ideologia, ao usá-la adequadamente (como no caso mencionado); já em outros, percebe-se que ela comete equívocos pela falta de análise mais profunda sobre como editar o material. A capa do jornal, por exemplo, mostra o diretor-presidente empunhando com satisfação um troféu. O efeito estético é bom, principalmente considerando-se que o empresário tem grande carisma com os trabalhadores. Mas a produção de uma fotografia dele ao lado de outros trabalhadores empunhando o troféu seria certamente mais bem recebida.

Na parte interna, na página 5, há outra foto do presidente com o troféu, e outra, no mesmo tamanho, que mostra dezoito funcionários convidados a participar do evento de entrega do prêmio, o que confirma a comunicação descendente e a valorização da hierarquia.

Partindo da ótica da organização, há momentos em que usar transparência é o mais importante e outros em que "trabalhar a informação" é o que provocará um efeito mais vantajoso. Mas, na maioria dos casos, os fatos são mostrados exatamente como aconteceram, quando poderiam ser mais "trabalhados", sem que houvesse falta de ética. Na matéria de cobertura da entrega do prêmio, por exemplo, a organização poderia ter valorizado mais a participação dos empregados. Poderia, mesmo, ter montado uma foto com todos eles segurando o prêmio, ou algo equivalente.

Já a abordagem das matérias sobre saúde, assunto que será tratado a seguir, deveria ter sido mais completa, com mais fontes, em primeiro lugar. É evidente que a situação ideal aponta para a transparência em qualquer dos casos, mas seria ingenuidade imaginar que isso acontece em qualquer jornal ou organização, mesmo da grande imprensa.

Nessa edição, aparecem duas matérias de orientação. A primeira delas, na página central, sobre economia de energia elétrica doméstica e, a segunda, relacionada a doenças de inverno (página 11), oportuna porque a edição é de junho. Sempre que o **Jornal B** publica matérias ligadas à saúde, notam-se dois aspectos: a fonte é o médico da organização, quando, na verdade, o jornal deveria procurar pelo menos mais um, de preferência não ligado à companhia; e o fato de o jornal não abordar doenças do trabalho, o que deveria acontecer, pois demonstraria mais transparência no trato dessas questões.

A maneira como foram editadas as principais matérias sobre trabalhadores é atraente, suscita o interesse pela leitura e mostra "bons exemplos". Na cartola *Treinamento* aparecem cinco destaques. Três são funcionários cujas trajetórias servem de exemplo aos demais, pessoas que entraram em funções simples e hoje ocupam postos de chefia (no estilo "Faça como eles, você consegue"). Na mesma página, estão os dois empregados recentemente promovidos pelo Programa de Recrutamento Interno. A **Empresa B** estimula as promoções internas e recruta no mercado apenas trabalhadores para funções sem especialistas em seu quadro funcional. Isso implica menor tempo de adaptação, maior produtividade, estímulo à competitividade e mais uma série de vantagens para a organização, que não precisa, assim, investir em tempo de treinamento e adaptação do indivíduo, e ainda reduz o índice de rotatividade, grande inimiga das companhias nos aspectos qualidade e produtividade. Existe nesse tipo de comportamento o que o mercado chama de "relação ganha-ganha", ou seja, ganham a organização e o empregado. Mas o enfoque dado às promoções nunca privilegia esse aspecto. Os argumentos evidenciam sempre a disposição da companhia em oferecer oportunidades de crescimento a seus trabalhadores. Nenhum dos dois aspectos é falso, mas apenas um é enfocado.

Outra forma subliminar de mostrar o quanto a companhia beneficia o trabalhador é uma entrevista realizada anualmente com um ou mais casais que se conheceram, começaram a namorar, casaram-se e continuam a trabalhar ali. A mensagem é: "A organização contribui com sua felicidade e realização". Essa matéria é editada no mês de junho e alude ao Dia dos Namorados. Parece importante ressaltar que as matérias sobre casais de namorados nasceram espontaneamente, não foram pensadas da forma citada aqui. Justamente aí reside mais uma evidência de que os jornais internos, ferramentas de extremo valor comunicacional e educacional, não são pensados, estudados ou analisados em profundidade. Acontecem acidentalmente, no curso desses jornais, grandes erros e grandes acertos, os quais, muitas vezes (como nas matérias sobre os casais), sequer são percebidos.

Como diz Gomis (1991, p. 36), "Pode-se entender o jornalismo como um método de interpretação da realidade social. [...] É a realidade humana social na medida em que produz fatos a que aspira interpretar". A interpretação jornalística, porém, não se pretende definitiva e completa. Ela começa e termina a cada edição, e seu maior objetivo é impedir efeitos indesejados e nocivos da comunicação de massa. Daí o processo de seleção, avaliação e interpretação das notícias ser norteado por critérios claros que contemplam, por exemplo, universalidade, neutralidade e interesse humano.

A maior parte das edições do **Jornal B** é acompanhada de encartes especiais. Nesse caso havia um encarte de duas páginas mostrando, na primeira, o produto em ambiente ligado à história do Brasil, numa alusão aos quinhentos anos do país e, na segunda, algumas informações históricas sobre data e dados específicos da série lançada. Essa é uma característica importante do processo de edição do **Jornal B**. Ele sempre traz encartes especiais, informativos ou lúdicos, que envolvem filhos de empregados. Normalmente, são interativos: a criança recorta, monta, pinta, cria jogos. Em alguns casos, são encartes com produtos ou mesmo com o *gimmick* da organização, que compõem quebra-cabeças, jogo da memória e outros. É sempre no jornal, também, que a organização lança seus concursos.

A diferente de B

De modo geral, os problemas de redação apontados na edição anterior se repetem. Nesta, especialmente, os títulos mostram falta de criatividade e qualidade. Há, nas páginas 3 e 4: "[nome da organização] lança [identificação do produto] na Transtec", "[nome da organização] instala fábrica no [país]" e "[nome da organização] ganha troféu Bronze PGQP". Nas páginas 5, 6, 7 e 8, lemos os seguintes títulos: "Tintometria: menos custo e mais qualidade", "Novo equipamento agrega valor ao produto", "Novas cabines de pintura qualificam trabalho e ambiente no [setor]" e "Energia elétrica: muita gente só se lembra quando falta". Três títulos muito próximos uns dos outros começam com o nome da organização, dois títulos aparecem com dois-pontos e outros dois títulos, também próximos um do outro, iniciam com os adjetivos "novo" e "novas". Dois deles são especialmente longos, todos faltas graves na construção de títulos. Além disso, há uma proporção muito grande de matérias informativas, se comparadas às de gênero interpretativo e opinativo.

Um fator positivo é que, embora em sua maioria as matérias não digam respeito ao funcionário diretamente, há uma presença forte do trabalhador, seja como fonte (43,75%), como entrevistado (21,8%) ou como eixo (31,25%).

Discurso gráfico

Alguns elementos gráficos se repetem nas edições analisadas, o que configura o projeto gráfico bem definido no jornal. A capa sempre apresenta uma fotografia, que ganha força pela plasticidade e pelas dimensões, ligada à matéria mais importante da edição. Também há destaque, na capa, de outras matérias. A contracapa recebe tratamento de página normal (interna), sem destaques. Nela são editados, sempre, os nascimentos de filhos de trabalhadores. As cartolas são fixas (no sentido de que toda edição apresenta matéria(s) referente(s) a elas), muito ocasionalmente deslocadas de página. Os títulos são grafados sempre da mesma forma e com as mesmas cores, e o *gimmick* da organização é aproveitado nas mais diversas matérias, em vários papéis (chefe, empregado, desportista, pai).

O número de páginas variável para mais (de acordo com a necessidade), o papel de boa qualidade (*top print*), a seleção de bons fornecedores para produção de fotolitos e impressão e o investimento em fotografias denotam a preocupação da organização com a qualidade do que oferece ao seu trabalhador. Pelas entrevistas feitas durante a pesquisa, bem como pela análise nas pesquisas de opinião (quantitativas), o objetivo é alcançado.

Principais falhas

No transcorrer do ano, o número de páginas do **Jornal B** aumentou, variando entre doze, dezesseis ou vinte, com alguns encartes especiais. Sempre que a pauta do veículo apresentou mais temas, a organização aumentou o número de páginas sem sacrificar o leiaute. O jornal se propôs a ser mensal e, de fato, cumpriu a proposta. Tornou-se tradicional que em janeiro ele não circule, em função do período de férias coletivas. A exceção está na publicação de uma edição especial revelando a pesquisa organizacional, a cada dois anos.

O **Jornal B**, embora não tenha cartolas fixas, tem uma estrutura que se repete e oferece um contrato de leitura razoável, o que é bastante difícil num jornal organizacional. As alterações mais significativas ficam por conta de novos temas incorporados permanentemente.

Via de regra, a chamada para a matéria mais importante é na capa, com uma foto em destaque (meia página na maioria das vezes). Seguem-se as cartolas *Organização, Coirmãs, Qualidade, Treinamento, Segurança* e *Qualidade de Vida, Esporte/Lazer*. Nunca faltam os nascimentos na contracapa, solicitados pela grande maioria de leitores. Existe uma estrutura editorial e gráfica definida, embora com algumas falhas, como já assinalado. Falta-lhe, a exemplo da maioria das publicações do gênero, um critério que defina a seleção do que de fato é notícia[27]. Isso transforma o jornal, algumas vezes, em um enfadonho relatório de pequenos acontecimentos.

Balanço da edição:
conteúdo, morfologia e presença do trabalhador

Tipos de matérias redigidas	
1. Nota	12
2. Notícia	9
3. Artigo	0
4. Editorial	1
5. Crônica	0
6. Entrevista	2
7. Reportagem	1
8. Matéria informativa atemporal	6

Gêneros de matérias	
1. Matérias-retrato	1
2. Matérias departamentais	1
3. Matérias grupais	2
4. Matérias de ilustração	0
5. Matérias orientadoras	2
6. Matérias de entretenimento	3
7. Matérias associativas	7
8. Matérias de interesse feminino	0
9. Outras	15

Gêneros jornalísticos	
1. Informativo	93,8%
2. Interpretativo	3,1%
3. Opinativo	3,1%

Proporção texto/ilustrações	
1. Presença de textos no jornal	66,7%
2. Presença de fotos/ilustrações	28,53%
3. Presença de gráficos informativos	4,77%

Participação ativa do trabalhador no jornal	
1. Matérias com foco nos trabalhadores	31,25%
2. Matérias com falas de trabalhadores	21,8%
3. Matérias em que o trabalhador é fonte	43,75%
4. Outras	3,2%

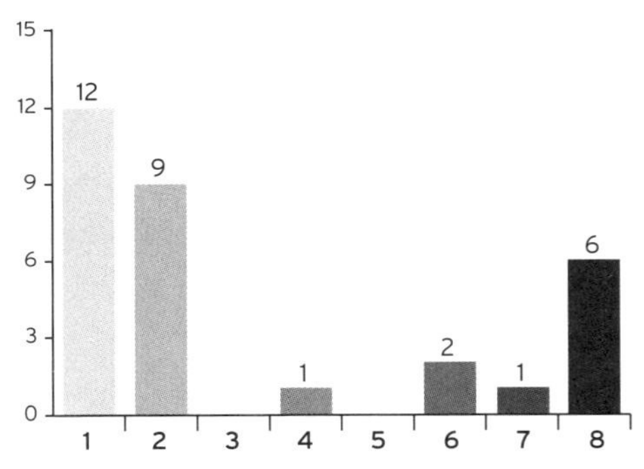

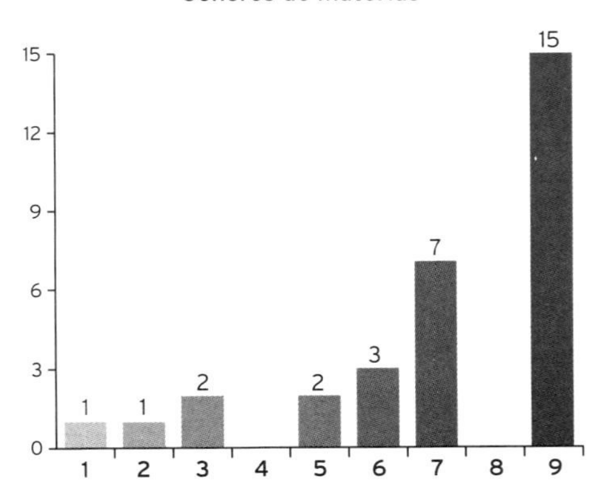

Gêneros jornalísticos

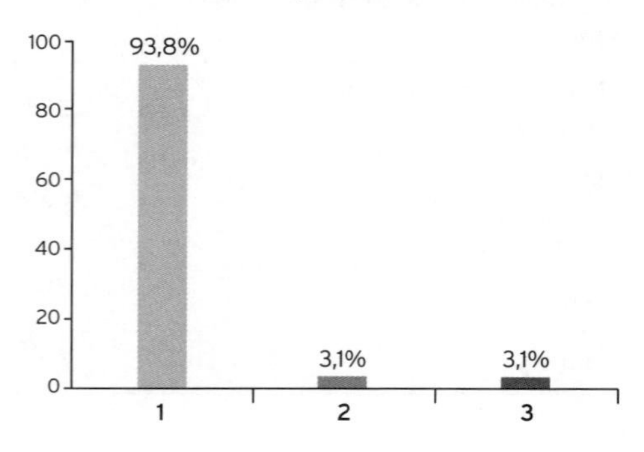
100
80
60
40
20
0
93,8%
3,1%
3,1%
1
2
3

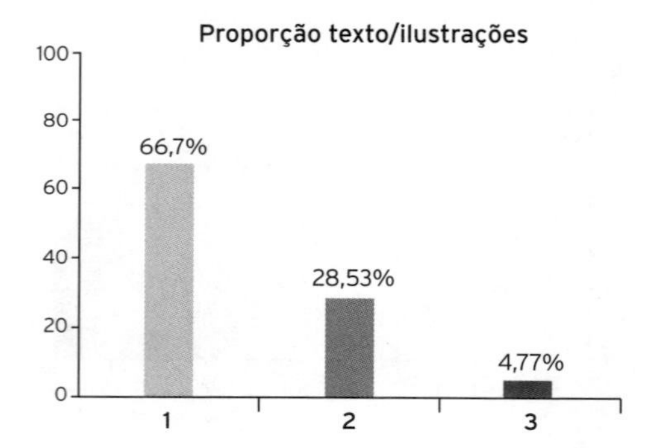
Proporção texto/ilustrações
100
80
60
40
20
0
66,7%
28,53%
4,77%
1
2
3

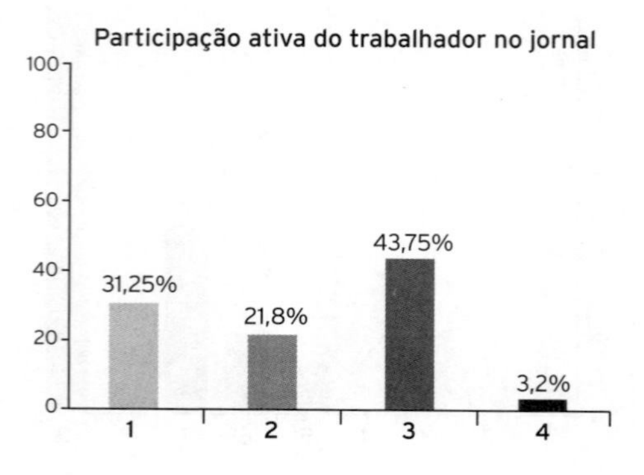
Participação ativa do trabalhador no jornal
100
80
60
40
20
0
31,25%
21,8%
43,75%
3,2%
1
2
3
4

Apesar de o **Jornal B** ter mais páginas e formato maior do que o **Jornal A**, tem menor número de matérias por edição. As fotos, na maioria dos casos, são bem tratadas e editadas em tamanho que possibilita a identificação do indivíduo (no sentido de enxergar-se, distinguir-se). Embora grande parte das matérias seja ilustrada, nem sempre a proporção de fotografias e textos obedece a um bom padrão, que seria, no mínimo, 40% de ilustrações/fotos para 60% de textos. Além disso, a diagramação do jornal privilegia espaços brancos, deixa boa distância entre as colunas (1 cm, quando normalmente os jornais usam 0,5cm) e usa muitas vinhetas. Na maioria dos casos, as legendas identificam as pessoas pelo nome, o que sempre agrada aos leitores.

A leitura das matérias indica claramente que as pessoas foram entrevistadas, falaram, se manifestaram, funcionaram como fonte, o que é sumamente importante para o fazer jornalístico e para os indivíduos, que, além de expressarem suas opiniões, sentem-se valorizados por serem procurados, entrevistados. O fazer jornalístico, nesse aspecto, aproxima-se bastante do jornalismo diário.

Vale ressaltar também que, devido ao emprego dessas estratégias, o **Jornal B** conquistou sua credibilidade. Assim, parece que esse jornal é uma real intermediação entre a organização e seu público. A forma como é redigido suaviza a característica descendente do processo de comunicação, que na verdade não difere do processo da outra organização pesquisada. Veja-se, por exemplo, a matéria editada na página 7, da edição de junho:

> "O Supervisor [nome] explica que com o novo equipamento a qualidade do ambiente melhorou 100%. Além disso, o aproveitamento aumentou respeitavelmente. 'No preto o aproveitamento é de 100% e nas demais cores a perda é mínima, pois o resíduo é absorvido [...] e é depositado numa caixa, sem perda. Tudo pode ser reaproveitado, o [operador] não se expõe à toxidade e a qualidade da pintura é superior', ressalta fulano."

Ainda quanto à linguagem, chama a atenção a forma como, muitas vezes, a organização usa os títulos e textos na primeira pessoa do plural ("Concorremos ao Qualidade 2000"), incluindo o leitor/trabalhador nas coisas que conquista. O título poderia ser como no **Jornal A**: "Organização [nome] concorrerá...". Nos jornais **A** e **B** percebe-se um exagero de repetição do nome da organização nos títulos. Se o jornal é da organização, não há por que dizer isso a cada título. Essa, porém, é uma das muitas interferências de leigos no trabalho de editores. Por pressão de pessoas que não entendem nem de comunicação organizacional nem de jornalismo, o editor por vezes é obrigado a usar formas de redação e expressão incorretas e/ou inadequadas.

A linguagem e os textos do **Jornal B** são corretos e obedecem às regras de textos jornalísticos em grande parte da edição. Em alguns casos, porém, a matéria, em lugar de enfocar um ângulo novo, começa de forma cronológica, como se fosse um relato, para, no fim, e sem impacto, mostrar a novidade. Isso acontece repetidas vezes, principalmente nas matérias que apresentam uma estrutura mais próxima da reportagem que da notícia.

O **Jornal B** oferece uma leitura relativamente diversificada que desperta o interesse, por abordar assuntos ligados a unidades de fora do país. Enfoca, também, aspectos de geografia, política e economia daqueles lugares, além de matérias com boas fotografias sobre os produtos e matérias orientativas sobre assuntos como saúde, lazer e cultura, como e por que doar sangue, vacinação contra gripe, como evitar incêndios, genéricos etc. Esse tipo de matéria, conforme já dito, aparece com uma única fonte, o que não é interessante, principalmente se for considerado, no caso da saúde, que a fonte é o médico da organização. O material deveria ser editado com, pelo menos, um médico de fora da companhia. Um bom material jornalístico não se baseia em uma fonte única, pois bem esclarece Gomis (1991, p. 78-9) que "as fontes das notícias são [...] basicamente interessadas. [...] Como acontece com a política, entre o jornalista e a fonte se estabelecem laços de comunidade de interesses, de favores prestados ou recebidos. Uns têm notícias a dar e esperam vê-las publicadas. Outros têm espaços a preencher."

Quando o jornal publica uma reportagem sobre determinado fato, usa duas, três e até quatro páginas para fazê-lo, quebra o texto com retrancas, boxes, entretítulos, tabelas ou gráficos, o que facilita a leitura e confere um visual agradável. Numa das edições, por exemplo, a festa de Natal ocupou, além da capa, três páginas. Na edição de agosto, a cobertura dos eventos comemorativos do aniversário da organização ocupou oito páginas, com 29 fotografias de trabalhadores. Antes, foi publicado um anúncio alusivo ao aniversário que veiculou em mídia nacional, com fotos de trabalhadores. Nesses casos, abre-se licença para dar à capa tratamento de capa de revista, com foto de página.

O fato de a **Empresa B** dar mais atenção a seu jornal que a **Empresa A**, quanto a periodicidade, investimento em formato, número de páginas e tipo de papel, mostra que a primeira tem mais consciência da função desse tipo de ferramenta como mediadora entre a companhia e o trabalhador. A análise dos dois jornais deixa claro, também, que a **Empresa B** usa o veículo para esse fim com mais competência, embora cometa algumas faltas graves, como empregar uma única fonte; usar excessivamente o gênero jornalístico informativo e redigir muitos textos adotando o desenvolvimento cronológico, como se fossem relatórios; não ter um critério definido para a seleção do material com base no que é, de fato, relevante.

O jornal interno é um veículo importante para a divulgação da cultura, da política e da ideologia organizacional e deve ser usado estrategicamente, se a empresa não quiser perder o dinheiro que investe e tampouco a credibilidade junto ao leitor/trabalhador. As organizações *julgam* fazer isso, mas, na verdade, não se dão conta dos erros cometidos. Não se trata, aqui, frisa-se mais uma vez, de comparar os dois veículos, mas de buscar mapear a forma como as organizações pesquisadas usam seus jornais e os efeitos provocados no leitor (receptor).

O ritual

É importante ressaltar que a pesquisadora foi a jornalista responsável pela edição do **Jornal B**, desligando-se dessa função antes de iniciar as entrevistas. Num primeiro momento, julgou-se que a separação entre a jornalista e a pesquisadora seria muito fácil, porém, à medida que se envolvia, percebeu certa dificuldade, o que representou um risco ao trabalho. Registrado o fato, é necessária a exposição da metodologia.

Para compreender o sistema de produção de cada um dos jornais, foram entrevistadas pessoas envolvidas com a definição de pautas, determinação de abordagens, redação e diagramação. Foram feitas, também, entrevistas com as áreas de comunicação das duas organizações, para traçar os objetivos dos jornais e confrontar o resultado das entrevistas com as aplicadas aos leitores selecionados.

Buscou-se verificar cuidadosamente o caminho traçado desde o planejamento até a impressão de uma edição em relação ao espaço dos profissionais editores dos respectivos jornais. O primeiro passo para trabalhar esses aspectos foi pesquisar como as organizações estabelecem sistemas de comunicação com seus públicos. Na análise da produção dos dois jornais, contemplaram-se aspectos fundamentais como cultura organizacional; foram traçados seus valores específicos e verificado como eles estão permeados pela cultura social, ou seja, com os valores que o indivíduo traz de outras instâncias sociais onde está igualmente inserido. Também foram analisadas as estratégias que as mídias organizacionais usam no sentido de cooptar segmentos de seu público interno que reproduzam as relações capitalistas de trabalho, para o que utilizaram os conceitos de ideologia e poder. Para identificar as estratégias de comunicação nas mídias analisadas, foi preciso estudar os princípios e as políticas das organizações, buscando nos jornais as premissas que os sustentam.

Para observar o processo de produção, num primeiro momento houve o contato com as duas organizações, em conversas informais com oito pessoas (três trabalhadoras de produção representavam, segundo pesquisa, o perfil do empregado, leitor/padrão). Outros dois entrevistados eram integrantes dos respectivos conselhos editoriais, comprometidos, portanto, com a política de comunicação das duas companhias. Uma das entrevistas foi feita com a esposa de um trabalhador. Os outros contatos foram com o coordenador de recursos humanos e com a relações-públicas de público interno da **Empresa A**, para que fosse possível inteirar-se da política de comunicação da organização, do sistema adotado para o desenvolvimento do jornal e de seus objetivos.

Os conselhos editoriais

Cada edição do **Jornal B** nasce de uma reunião do conselho editorial. São dezoito pessoas que representam diversas áreas das unidades centrais e de algumas das organizações do grupo. Os representantes de outras unidades federais são comunicados a respeito da reunião e devem, dentro de um cronograma preestabelecido, remeter o material que será publicado. Os demais integrantes participam da reunião, trazem pautas de suas áreas e apresentam sugestões, que são discutidas pelo grande grupo; mas esse conselho não funciona como tal.

As pessoas simplesmente trazem suas matérias, sem mais sugestões, e insistem em seus enfoques muitas vezes equivocados sob o ponto de vista jornalístico. Não existe o apuro técnico sobre os fatos, e, em muitos casos, falta também um tratamento adequado aos dados. O conselho tem uma autocensura muito grande e não tem autonomia para publicar matérias que possam causar polêmica, estejam ou não diretamente ligadas à organização. A decisão final, nesses casos, cabe a um gerente ou a um membro da diretoria, que tem total poder de veto, e nunca aos integrantes da área de comunicação.

No **Jornal A**, as decisões de pauta são tomadas basicamente por três pessoas: a relações públicas interna, o coordenador de recursos humanos e o diretor administrativo-financeiro. Reuniões nos moldes convencionais só existem episodicamente. A relações-públicas faz o levantamento, com o auxílio de integrantes do setor de comunicação, e passa ao coordenador, que repassa informações ao diretor quando julga necessário. A organização possui um grupo de voluntários (grupo de comunicação) encarregados de fazer fluir a comunicação interna. Eles recolhem informações que julgam interessantes, normalmente ligadas a suas respectivas áreas, e as repassam à RP por *e-mail*, por escrito ou pessoalmente.

> "Eu e a [nome da colega], a gente leva essas sugestões para o [superior imediato], aí ele troca ideia com o nosso diretor, que é nosso diretor administrativo-financeiro, e a gente sempre troca ideias aqui no setor de comunicação."

A partir daí, constata-se que a comunicação, nas duas organizações, funciona de maneira vertical e descendente.

Em entrevista concedida à pesquisadora, a redatora do *Para Seu Consumo* (*PSC*), jornal interno da Editora Abril, Marilda Varejão, explica que a discussão de pauta, ali, envolve uma equipe responsável que aceita sugestões, o que demonstra uma forma mais eficaz e profissional de tratamento do jornal organizacional, que, no caso da Editora Abril, arrebatou dois prêmios nacionais de qualidade em concurso anual da Aberje.

Um verdadeiro conselho editorial deveria agregar pessoas de diferentes áreas da organização, já que elas têm um contato mais íntimo com os fatos do dia a dia. Mas é fundamental que esse conselho tenha poder de decisão, clareza sobre o papel do jornal, discernimento suficiente para evitar pautas demagógicas e vazias, respeito pelo trabalho do jornalista e uma noção muito clara da política de comunicação da organização. Planejamento gráfico e *design*, formatação da edição, forma de redação do material são assuntos, teoricamente, de domínio do editor. O que acontece nas organizações, normalmente, é que, ou essa figura não existe, ou ela é desrespeitada, o que reduz significativamente a eficácia do jornal como veículo efetivo de comunicação.

Grupos intermediários

Percebe-se nitidamente um grupo intermediário[28] entre a alta direção e o grande grupo de trabalhadores (este praticamente sem poder de fala e de decisão). Muitas medidas e atitudes de censura são tomadas por esses intermediários, mesmo sem significar o desejo expresso da alta cúpula diretiva. Uma das entrevistas efetuadas mostra claramente isso. Em uma das muitas organizações em que trabalhei (não me refiro a nenhuma das organizações pesquisadas), por exemplo, um programa de premiação para ideias criativas em relação ao processo de produção foi suspenso pois as chefias intermediárias se apropriavam das sugestões. Testemunhou-se, também, uma situação em que um gerente de recursos humanos (desligado da organização após pouco mais de um ano de atuação) proibiu a circulação de um balanço social, impresso poucos dias antes que ele assumisse. O argumento usado foi totalmente descartado pela organização e concluiu-se que houve, na verdade, prepotência e abuso de poder.

Em uma situação bastante crítica, um integrante dessa categoria intermediária, ligado ao setor de recursos humanos, determinou que se publicasse uma matéria dilatando o prazo para vacinas contra a gripe. A matéria afirmava excesso de demanda, quando, na verdade, o número de trabalhadores que tomou a vacina era insignificante.

A seguir, um trecho da entrevista com G.

> "A intenção da organização pode até ser boa, mas ela quer vender um lugar onde está tudo bem, que tem tudo certinho, um setor que melhorou, tudo direito, mas não é bem assim no dia a dia, e as pessoas estão lendo mas sabem separar uma coisa da outra. É assim que funciona. A gente vê as coisas acontecer diferente. A diretoria, quando vai fazer um projeto, é feita reunião direta com a gente, no pátio. Eles pensam a coisa e depois as equipes executam e daí a coisa muda de rumo."[29]

Os conselhos editoriais dos Jornais A e B são integrados por pessoas desse escalão, e muitas decisões de "censura" ou escolha de matéria (opções) partem deles, com a suposição de que "a organização quer assim". Isso faz lembrar Motta e Caldas (1997, p. 32), que, ao analisarem a cultura organizacional e a cultura brasileira, mencionam grupos excluídos como brancos pobres, mulatos, índios e outros que, não sendo senhores nem escravos, não encontravam trabalho nem identidade e "com frequência iam constituir as pequenas milícias privadas de jagunços dos senhores, conforme diz, originalmente, Caio Prado Júnior".

Isso parece descrever esse corpo intermediário entre efetivos detentores do poder e trabalhadores. A questão aparece em diversas entrevistas, quando o trabalhador usa "eles" para se referir a esse grupo e o pronome "ela", quando fala da organização. Ao longo de duas décadas acompanhando reuniões de conselhos editoriais em diferentes organizações, observou-se que raras vezes fizeram parte desses conselhos gerentes ou diretores da companhia. As decisões de censura sempre foram levadas a instâncias superiores, fora das reuniões, e nunca houve uma reunião ou seminário para esclarecer o papel do jornal e os limites que lhe deviam ser impostos.

Nunca houve uma discussão para esclarecer a função do jornal e como ela seria cumprida. Percebe-se, ou pode-se supor com probabilidade de acerto, que o grupo intermediário entre a companhia e o leitor sabia empiricamente quais limites o jornal deveria ter, o que ocasionou, muitas vezes, cortes, censuras e resultados absurdos, na medida em que "os ministros eram, em determinados casos, mais realistas do que o rei". Esse grupo, ao apresentar matérias nas reuniões de pauta, funciona como *newsmaking*[30] e, ao selecionar o material a ser publicado, como *gatekeepers*[31].

Os integrantes dos conselhos editoriais são identificados pela recepção como "eles", entidade anônima para os leitores. A empatia criada entre o jornal e o trabalhador é empírica, com avanços e recuos que mostram isso claramente. Por exemplo: a maioria dos leitores menciona um período em que eram produzidas entrevistas do tipo perfil com funcionários destacados, jogos e brincadeiras com sorteio de brindes ou, ainda, reportagens mostrando setores específicos.

Todos liam assiduamente essas seções do jornal e tinham sempre uma grande expectativa sobre a próxima edição. Apesar disso, o material deixou de ser produzido. Percebe-se, com isso, a falta de conexão entre a produção e a recepção, como se nota, principalmente, a falta de uma política editorial para o jornal e de comunicação como um todo na organização. Talvez se possa falar em *Agenda-setting*, mas com efeito contrário ao desejado. Entende-se por *Agenda-setting* a hipótese de que a mídia tem o poder de jogar luzes sobre determinado fato, destacá-lo com insistência e assim transformá-lo em tema do dia a dia, "tópico de agenda" do leitor. Traquina (2001, p. 20) cita Rogers, Dearing e Bregman (1993, p. 69) para sublinhar que:

> todos os estudos sobre o agendamento partilham uma preocupação óbvia com a importância relativa das questões públicas, e uma preocupação menos óbvia com o funcionamento da opinião pública numa democracia. Em última análise, a investigação do processo de agendamento procura oferecer uma explicação de como ocorre a mudança social na sociedade moderna.

Ao proceder de forma inadequada em relação a determinados fatos, o jornal organizacional agrega o assunto à agenda de discussão das pessoas, mas com sentido inverso ao que poderia render benefícios à companhia.

No que diz respeito ao uso do poder, é muito interessante o depoimento de uma das pessoas entrevistadas. D costuma ler a revista *Veja* e o jornal diário local, além de livros e outras revistas, esporadicamente. Ao comparar esse tipo de leitura com o jornal da organização onde trabalha, destaca que "cada um tem seu foco, embora todos tragam notícias. Mas o foco do [nome do jornal] é bem diferente, e o jornalismo que é feito no jornal da organização, acho que não é tão profissional quanto nos jornais e revistas". D não vê o jornal como uma peça profissional:

"Ele não é muito estudado, não tem uma linha, não tem um perfil, é praticamente decidido por uma única pessoa. Não é um estudo feito, por exemplo, assim: vamos partir para uma linha que a organização quer, mostrar aos funcionários a sua forma de pensar. Ou então: a organização quer ouvir os seus funcionários falarem. É uma miscelânea, tem matérias em que dá pra ver coisas que a organização quer que tu pense, tem outras matérias que parecem mais o pensamento de uma funcionária que tá escrevendo... Eu vejo isso."

Mesmo leigo nas questões do jornalismo, D levanta uma questão fundamental:

"Não existe um verdadeiro conselho editorial que discuta a política, embora na verdade tenha um grupo que se reúne para fazer uma pequena pauta que vai pra equipe de comunicação interna. Nesta equipe de comunicação se coloca mais algumas coisas, mas basicamente fica com a [...], claro que eu não tive muita intimidade com esse trabalho, mas eu sei que ela pede matérias pro pessoal por e-mail, eles sempre mandam suas matérias e depois ela faz as adaptações que acha necessárias e, se tiver lugar, a matéria vai. Não é ir ao encontro do entrevistado, fazer a matéria, perguntar, não existe este trabalho de interface entre quem elabora o jornal e a fonte, a fonte é a própria autora da matéria."[32]

Os testemunhos de Marilda Varejão, da Editora Abril, de Lucila Ribeiro, do Grupo Gerdau, e de [nome], da **Empresa A**, reforçam uma constatação feita ao longo de minha trajetória: é muito difícil obter e manter um real envolvimento de pessoas na realização de um jornal organizacional. Grupos de apoio, conselhos editoriais, redes de colaboradores cumprem suas tarefas a duras penas. Credita-se isso ao fato de as pessoas receberem esse encargo como "uma tarefa adicional a todas as outras". Elas têm sua ocupação profissional prioritária e ainda têm de dedicar tempo a essa tarefa adicional para a qual não são treinadas nem recompensadas senão, em alguns casos, com a impressão do nome no expediente do jornal.

O planejamento e a programação

É verdade dizer que a cultura está na mídia, pois tudo que é transmitido pelos meios de comunicação é, de fato, cultura. Tanto culturas alternativas quanto hegemônicas são veiculadas, e também têm a própria autonomia. Embora a cada momento a comunicação midiática envolva maiores possibilidades de mudança de sentido, ela não é a única. A produção de sentido se viabiliza pelas indústrias culturais e, necessariamente, pelas mediações.

Ao discutir o valor do jornalismo organizacional como meio de comunicação social, levantam-se estereótipos, entre os quais o da atividade como um pacto entre jornalistas cooptados pelo poder dominante e transformados em vassalos, e o público receptor como um grupo de acéfalos, incapazes de estabelecer qualquer viés de análise crítica ou interpretação às mensagens veiculadas.

Há um processo permanente de tensão na elaboração e interpretação desse tipo de mídia. Três elementos fundamentais entram nesse processo: a intenção óbvia da organização em reproduzir seus valores; o papel do jornalista que, teoricamente, confirma isso, mas, na verdade, é um mediador; e o leitor, que recebe a fala mediada e, por sua vez, confronta-a com outras falas de seu dia a dia (igreja, sindicato, família, amigos, colegas e os próprios meios de comunicação).

Nas palavras de Marilda Varejão:

> "Fazer o PSC funciona como qualquer prática jornalística. A gente levanta um assunto, uma pauta, faz a reportagem, elabora um texto, discute com o diretor de arte a melhor maneira de passar a informação, somando sempre ou uma ilustração ou uma foto de qualidade, ou seja, como qualquer outra revista feita pela casa. As pautas podem ser sugeridas, e a gente pode aceitar ou não, nós temos uma reunião de pauta da redação, quem levanta somos nós mesmos, o jornalismo. Existe uma independência bastante grande nesse sentido. Na Abril, nós temos uma liberdade bastante grande" [o que não acontece em todas as organizações, concorda Marilda quando objetamos].

E aqui a jornalista prova que é possível fazer um bom jornalismo na área organizacional:

> "É evidente que nós temos alguns parâmetros, a gente sabe a linha editorial. Trabalhamos hoje com dois estagiários como repórteres, temos outros dois editores que são a Silvia Candal e o Hamilton dos Santos, e eu sou a redatora-chefe. Nós temos os fotógrafos, que são *free-lancer*, a gente trabalha com vários, sempre se procura pegar o que tem estilo mais próximo da matéria que se pretende fazer, e temos duas pessoas na arte, o diretor e um assistente. Hoje, a gente tem uma versão eletrônica que faz um jornalismo diário, então todo dia na Abrilnet a gente tem uma média de três ou quatro matérias no mínimo sobre o Grupo, e estas matérias podem ser aprofundadas mais adiante, podem ser sugestão de pauta."[33]

Se existe na recepção a capacidade de fazer leituras múltiplas, de outro lado existe na organização a intenção de passar aos leitores uma informação única. Isso acontece tanto num jornal organizacional quanto num diário qualquer. Há, porém, uma diferença muito grande entre ambos sob vários e importantes aspectos, e um deles fica evidente aqui: a autocensura de quem trabalha na edição de um jornal de organização.

Enquanto o jornal diário tem um compromisso inadiável com a circulação, o jornal organizacional deixa muitas vezes de circular, ou atrasa sem a menor consideração. Em alguns casos, a organização retarda a edição com o intuito de incluir um fato que julga importante. Na imprensa diária, ou temos uma edição especial ou o fato é coberto por mídias como a televisão e o rádio, enquanto o jornal organizacional busca um ângulo próprio para abordar o assunto que, no caso, já não é novidade. É evidente que um jornal organizacional descomprometido com a informação ou tendencioso, que divulgue fatos de interesse exclusivo da companhia, tenderá a não ser lido, estará fadado ao descrédito. Daí um equívoco quando se diz que a organização é que determina se um jornal continua a circular ou não. Também soma para isso, com certeza, o interesse do leitor. Antes de cumprir seu papel de veículo difusor da cultura organizacional, ele deverá cumprir seu papel de jornal, para somente então ser avalizado pelo receptor.

De acordo com Palma (1983, p. 174), "o equilíbrio de conteúdo da publicação, porém, não pode ser consequência do acaso a cada pauta. O *house organ* deve ser considerado a partir de objetivos bem definidos, porque isso representará a própria definição do leitor na continuidade da publicação".

O objetivo primordial de um jornal organizacional é transmitir as políticas, os princípios e valores da companhia, ou seja, a ideologia. Para que isso aconteça, porém, as organizações devem perceber que:

a) o jornal precisa ser rigorosamente planejado e programado em termos de linha editorial, pauta e prazo, o que não acontece de fato nos jornais analisados;
b) deve ser visto pela direção da organização como um instrumento de divulgação de sua cultura, e não como um simples "jornalzinho de funcionários", o que geralmente acontece. Seu planejamento e sua programação andam à deriva, às vezes no rumo certo, às vezes muito distante dele;
c) as organizações precisam se convencer (e isso diz respeito mais diretamente ao grupo intermediário já citado) de que é importante estabelecer critérios para a seleção do material a ser divulgado. É perigoso subestimar a capacidade do leitor e omitir a discussão de determinados assuntos, porque eles podem gerar polêmicas ou interpretações ambíguas. Esse pode ser um modo de alimentar o que, em jornalismo organizacional, costuma-se chamar de "jornalismo de corredor".

A construção de um jornal

Como deveria ser a construção de um jornal organizacional? O fato de falar e lidar com jornal remete, imediatamente, a jornalismo. Os princípios básicos dessa atividade, portanto, deveriam pautar a produção dos jornais organizacionais.

A periodicidade precisa ser respeitada. Deve haver um critério de seleção das notícias que evidencie fatos realmente pertinentes. O jornal não pode ser um simples relatório. As matérias devem ser redigidas corretamente, com estilo, retrancas, técnicas como a pirâmide invertida, pirâmide normal e pirâmide mista, dependendo do gênero jornalístico e da forma como se estabelece uma relação com o receptor. Deve haver diversidade e coerência na aplicação dos gêneros informativo, interpretativo, opinativo e diversional[34], o que significa dizer a presença de notícias, reportagens e artigos. As matérias não podem ser um simples relato em ordem cronológica.

Antes da produção do impresso, deve haver clareza sobre o perfil do público a atingir, sobre o real papel desse jornal e sobre as estratégias a adotar para que ele o cumpra. Principalmente, deve haver clareza acerca da cultura da organização, de seus valores ideológicos e de sua política. É uma atitude bastante amadora selecionar pessoas para integrar conselhos editoriais em função da área em que trabalham, da facilidade de relacionar-se com outros indivíduos, da identificação empírica ou mesmo de se oferecer para isso. Se uma companhia deseja realmente que seu jornal interno cumpra o papel estabelecido, precisa reunir um grupo de profissionais competentes na arte de comunicar (conhecimento da ciência da comunicação e de suas teorias e técnicas, não apenas a facilidade discursiva), e absolutamente informados sobre seus valores culturais, seus princípios ideológicos e suas políticas.

Aspectos gráficos e de *design*

Hoje em dia, qualquer veículo impresso enfrenta forte concorrência para conquistar o interesse do leitor. Cor, ilustrações e movimento são recursos intrínsecos à internet, que, com a possibilidade de usar *links*, pode absorver a atenção do leitor, que navega e, simultaneamente, participa do processo de edição do material de seu interesse. Ao lado da internet, a televisão mostra tudo pronto, acabado e irretocável, com som, movimento e uma espetacularização que hipnotiza o espectador, haja vista a cobertura da explosão das torres do *World Trade Center*, quase simultânea ao acontecimento, o que levou muitas pessoas a crer, num primeiro momento, que se tratava de uma cena ficcional. Isso sem mencionar os diversos episódios que a internet já ofereceu ao público, mesmo captados por amadores e divulgados no *You Tube*.

Por outro lado, os recursos e possibilidades agregados aos veículos de comunicação interna a partir das novas tecnologias e do *desktop publishing* ou DTP (edição por computador) também oferecem técnicas importantes, além da redução de custo e flexibilidade na produção. Com os antigos sistemas de montagem por linotipia ou fotocomposição, a reelaboração de qualquer material exigia tempo considerável.

Hoje, com poucas teclas, surge um leiaute em minutos. Isso indica dois aspectos básicos: de um lado, mais criatividade e uso de recursos gráficos múltiplos e, de outro, a quebra de padrões rígidos de *design* ou padrão gráfico. Tabelas, ilustrações, gráficos, infográficos, fotografias, retrancas, boxes e uma série de efeitos estéticos são usados com liberdade cada vez maior. Algumas revistas apresentam suas páginas com *design* que é uma verdadeira reprodução de telas de revistas *on-line*. Chega-se a ter, numa mesma revista, mais de uma opção de capa, como é o caso da *Trip*, cujo *design* gráfico foi desenvolvido por David Carson, um dos profissionais mais conceituados na área.

Na sociedade da informação, a ilustração é cada vez mais importante como elemento da leitura. Os jornais, aos poucos, assumem cara de revista para propiciar uma leitura leve e prazerosa. O uso de tintas perfumadas e texturizadas mostra como materiais impressos disputam o leitor com as mídias eletrônicas. E esse é o caminho que deveriam seguir os jornais organizacionais. Diria, inclusive, que principalmente eles deveriam trilhar esse caminho, por serem mídias dirigidas, com fim específico e um público que, de modo geral, é pouco afeito à leitura, seja pelas condições econômicas que o impedem de comprar livros e revistas, seja pela formação escolar.

O que acontece normalmente, porém, é exatamente o contrário. Pode-se dizer que os jornais organizacionais, de maneira geral, são pesados; seus textos têm formatação densa. As fotos, de má qualidade, são pequenas, sempre prejudicadas pelo excesso de dados. As matérias tendem a ser relatos descritivos, cronológicos e pouco criativos, não se prestam a retrancas e gráficos ou infográficos e, quando o fazem, os recursos não são aplicados. São desprezadas, também, as ilustrações[35].

Existem algumas regras lógicas que estabelecem uma proporção entre corpo, largura da coluna e entrelinhamento do texto. Jamais devem ser usadas colunas estreitas para fontes em corpo acima de 10, assim como corpos pequenos (pelo menos 8) não devem ser empregados em colunas largas e com espaçamento pequeno. O que se ouve, a rigor, é, de forma ignorante e generalizada: "Precisamos usar letras grandes, porque a maioria dos trabalhadores tem dificuldade para ler". Não saber ler é diferente de não poder ver. O que deve existir é um estudo cuidadoso na escolha do tipo de fonte, analisando-se legibilidade e visibilidade. O respeito às zonas óticas, à harmonia e à simplicidade de um leiaute, somado à escolha adequada dos tipos de letras e ao respeito à proporção entre tamanho de corpo, largura de coluna e entrelinhamento, é o que vai determinar o índice de legibilidade do trabalho[36].

O uso de tabelas, gráficos e retrancas, em vez das letras grandes, vai facilitar a leitura e fazer que o leitor decodifique a matéria adequadamente.

Por outro lado, existe nas organizações cuidado e preocupação maiores com o aspecto estético nos jornais de circulação externa, atitude que denota falta de consciência no que diz respeito à política de comunicação, pois: a) o jornal interno também circula fora dela, quer por meio dos trabalhadores, quer pelo sistema de intercâmbio entre companhias; b) o custo de um jornal, bem ou malfeito, não parece se alterar, pois os processos técnicos são exatamente os mesmos: redação, edição, diagramação, impressão, distribuição.

É evidente que, aqui, falamos em jornais com as mesmas características, ou seja, impressão com policromia por seleção de cores[37]. Outro fato importante pode ser levantado: o equívoco da organização sobre o que é "imagem".

A falta de critérios na seleção das notícias e de qualidade na edição do material têm reflexo direto no aspecto estético do jornal, na medida em que, com excesso de matéria, o diagramador não terá como obedecer a um padrão gráfico de qualidade. Isso vai levar a jornais malfeitos, pesados, sem equilíbrio, destituídos de qualquer atrativo e sem projeto gráfico definido.

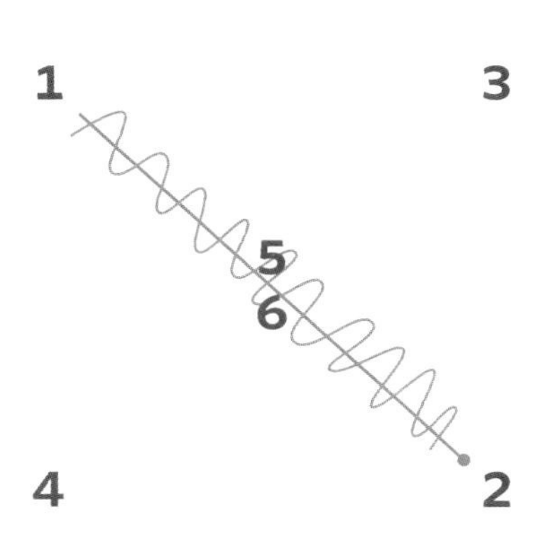

Aspectos editoriais

Um jornal organizacional precisa receber, de quem o produz, um olhar jornalístico. Assim, o discurso editorial vai determinar a credibilidade, o respeito e o vínculo estabelecido com o leitor. Há uma expressão cada vez mais comum em relação à televisão: "As pessoas só vão acreditar que uma árvore caiu se isso aparecer na televisão"[38]. É justamente esse tipo de vínculo que o jornal da organização deve passar ao trabalhador. Se estiver escrito no jornal, então pode-se acreditar, pois é verdade, e não o contrário, ou seja: "Eles escrevem as coisas do jeito deles, mas sabemos que não é exatamente assim".

Temas que normalmente compõem a pauta de jornais externos, como novos produtos e mercados, inauguração de novas unidades, mudanças de diretorias ou gerências, não são contemplados nos jornais de circulação interna. Isso é uma falha grande, pois esses fatos, além de tipificarem notícias no contexto da organização, permitem ao trabalhador situar-se num contexto maior, de transformação. Ele pode perceber processos políticos e econômicos que vão além dos portões da organização e dos limites de sua cidade, estado ou mesmo país; pode articular-se com as engrenagens, por exemplo, da internacionalização do capital (globalização econômica).

Ao se considerar apenas a relação empregado/organização, estar informado sobre temas desse tipo dará ao trabalhador uma noção mais concreta da importância de seu trabalho, o que, naturalmente, resulta em maior senso de responsabilidade e compromisso com a qualidade, não da forma compulsória e limitada de "programas de conscientização", mas pela capacidade de análise, interpretação e crítica além dos limites da organização.

O trabalhador, responsável pela produção, quer participar da globalização, quer ver seu lugar no mundo. Na medida em que o jornal abordar matérias sobre desempenho, produtos, mercados e negócios, ele conseguirá visualizar esse "lugar". As organizações, normalmente, atribuem grande valor a seus programas de conscientização, que são redutores. E, o mais importante, sem deixar claro ao empregado o que entendem por "conscientização".

Após observar 91,94% de matérias do gênero jornalístico informativo (conforme balanço da edição quanto ao conteúdo, à morfologia e à presença do trabalhador, **Jornal B**), percebe-se a ausência completa de qualquer processo dialético ao trabalhar a comunicação. Os trabalhadores são simplesmente informados sobre o que já aconteceu ou está para acontecer (o que é raro).

Não há matérias interpretativas, que mostrem os vários ângulos de uma questão ou a aprofundem, mesmo que sejam sobre temas sem ligação direta com a organização. Esse procedimento transparece a diminuição do fluxo de informação dentro da organização e classifica o indivíduo integrante do quadro de trabalhadores como uma "ferramenta" de produção, desarticulada de outras esferas e mediações.

Ao se pensar uma teoria do jornalismo e sua estreita relação com o processo de comunicação de uma organização, é preciso lembrar, como o faz Gomis (1991, p. 93), que

> a notícia mais útil ao leitor ou ouvinte, aquela pela qual com razão pagaria mais, será aquela que melhor lhe sirva para entender o que acontece e inteirar-se do que acontecerá, para entender o que o espera ou também aquilo sobre o que ele mesmo possa influir. A notícia mais proveitosa à ação de mais pessoas durante mais tempo será, com toda lógica, mais notícia do que aquela que sirva a menos pessoas para ação durante menos tempo e muito mais que aquela que nem sequer consiga que as pessoas falem de um fato e, ao fazê-lo, pensem nele.

Os Jornais A e B refletem um problema constatado de modo geral em jornalismo organizacional quando se fala em dois aspectos fundamentais do ofício: pauta e texto. As pautas se limitam a assuntos diretamente ligados à organização e com abordagem fechada. Alguns exemplos elucidam melhor a questão: quando fala de benefícios sociais, a companhia usa as informações como estratégia de promoção de *marketing*, sem mencionar determinações legais que determinam tais benefícios, como vale-refeição, vale-transporte, atendimento médico-odontológico, entre outros. Quando o jornal publica uma matéria sobre saúde, invariavelmente tem como fonte o médico da organização. Nesse caso há uma inadequação dupla: em primeiro lugar, o fato de usar-se uma única fonte; em segundo, essa fonte estar comprometida com o lugar de origem do fato. Lage (2001, p. 63-4) destaca que fontes oficiais, como comprovam autores de todas as épocas, falseiam a realidade. Mentem para preservar interesses estratégicos e políticas duvidosas, para beneficiar grupos dominantes, por corporativismo, militância, em função de lutas internas pelo poder. Mentem menos se os funcionários são mais estáveis e, portanto, conseguem sustentar sua integridade como estatísticos ou analistas. Mentem menos em sistemas totalitários do que democráticos; mentem muito quando estão em jogo os interesses imperiais do país – ou da própria organização.

Além da pobreza das pautas e da falta de critério de seleção, os dois jornais analisados refletem um aspecto comum nesse tipo de jornalismo: a falta de qualidade na produção de textos. De modo geral, isso ocorre por dois motivos: a ingerência de indivíduos leigos no assunto, que se investem de autoridade para riscar, rabiscar e discutir com os jornalistas a forma de produção dos textos; e a desarticulação do departamento de comunicação em relação às políticas da organização.

As pautas acabam reduzidas, enquanto os textos são repetitivos e sem técnica jornalística, nem criatividade, resultando no desinteresse do leitor. A tendência dos textos é repetir relatórios, em ordem cronológica: depois de citados aspectos sem importância, chega-se ao fato propriamente. Há, também, uma tendência evidente em produzir matérias que destacam um grupo amorfo e anônimo de pessoas, o que, nas organizações, é definido como uma abordagem democrática. Quando há destaque, porém, ele fica sempre com os cargos de chefia.

Outro aspecto crítico na forma como os jornais organizacionais são produzidos é a relação entre o repórter e a fonte. Normalmente, o material é um copidesque[39] de material recebido por escrito. Tome-se, por exemplo, uma das edições analisadas do **Jornal A**. No total de matérias, computou-se 4% de participação do trabalhador como fonte sobre um total de 46% de matérias nas quais ele, o trabalhador, é o foco central. A partir das próprias marcas de linguagem nos textos do **Jornal A**, pode-se dizer que não existe um trabalho em que o jornalista desempenha o papel de repórter, que, em contato com a fonte, entrevista, verifica os fatos *in loco*. Isso acontece no **Jornal B**, conforme mostra uma das edições analisadas: 31,25% das matérias têm, como foco central, o trabalhador; 21,8% delas mostram falas deles e, em 43,75% do total, o trabalhador é fonte. A falta do trabalho de reportagem parece ser uma prática comum. Corroboram para essa premissa afirmações das jornalistas responsáveis, respectivamente, pelo *Para Seu Consumo* (PSC), da Editora Abril, e pelo informativo organizacional do Grupo Gerdau (*Gerdau News*).

Os dados remetem a outra questão importante do jornalismo organizacional. Muitas organizações e outros tantos teóricos do assunto valorizam a participação efetiva do trabalhador na produção do jornal. Porém, um jornal organizacional, a rigor, deve funcionar como outro veículo impresso de comunicação qualquer, ou seja, ele é produzido por especialistas, tem uma seleção criteriosa do que vai divulgar, e o faz com técnicas universalmente determinadas. Assim, cabe ao receptor o papel de leitor desse jornal.

Em jornais diários, há uma rigorosa seleção das cartas, dos e-mails e comunicados enviados pelo leitor à redação, com base no interesse do fato a selecionar. O mesmo deve acontecer em relação ao leitor do jornal organizacional. Seu papel é o de leitor. As organizações, porém, numa atitude de demagogia e falta de profissionalismo, estimulam a publicação de material de má qualidade que interessa exclusivamente a quem o produziu, e perdem a oportunidade e o espaço para a publicação de material de real valor (Tofler, 1980, p. 238-40).

A troca entre o veículo e o receptor está na leitura, na interpretação. A "coprodução" deve começar a partir do momento em que o leitor recebe o veículo impresso, ou seja, na crítica e nas diversas leituras possíveis.

As várias culturas

Existe hoje um conceito de companhia que exige uma contrapartida pela exploração do meio ambiente e da mão de obra. As organizações se compõem de instituições de múltiplos fins, com responsabilidade social, legal e sujeitas à vigilância e ao controle da sociedade. De outro lado, é importante salientar que o nível social, cultural e de informação do trabalhador já não corresponde ao dos anos 1950, início do processo de industrialização no Brasil. Naquele período, basicamente vindo do campo, o operário não tinha preparo técnico-profissional e normalmente era analfabeto.

Tofler (1980, p. 237) relaciona essa mudança de conceito a cinco fatores de pressão: "mudanças no ambiente físico, no alinhamento das forças sindicais, no papel da informação, na organização do governo e na moralidade.". E Mattelart (1991, p. 96) é enfático ao definir o novo conceito de organização e sua cultura:

> A nova organização será – dizem os sociólogos da organização – a dos fluxos de informação e comunicação ou não será. Sua definição de poder será horizontal e romperá com a lógica vertical dos enfrentamentos entre atores sociais. As estratégias de negociação devem tornar produtivas as contradições. A necessidade faz a lei: um dos maiores desafios da organização é nem mais, nem menos, do que a apropriação dos saberes e do toque dos trabalhadores nela.

De fato, fez parte da cultura organizacional, durante muitas décadas, a comunicação vertical, descendente, absolutamente rígida. Porém, ao que tudo indica, a teoria anda mais depressa que a prática, pois, enquanto autores falam sobre a "nova organização", colhem-se testemunhos que apontam um trotar lento para as modificações muito esperadas para o novo milênio. Conforme o que se observou nas organizações estudadas, a comunicação ainda se dá de forma vertical, descendente. São constantes os depoimentos que mostram isso:

> "A autoridade funciona de forma vertical na organização: diretor, gerente, supervisor, funcionário. O funcionário só fala com o diretor através do gerente e com esse através do supervisor", ou "Eu acho que as pessoas não têm muito espaço pra avançar. Existe um pouco de timidez, mas existe também aquela coisa que a autoridade impõe." [Essas são algumas das falas colhidas ao longo das entrevistas.]

O desenvolvimento histórico de nossas organizações está inquestionavelmente ligado à lógica da família autoritária e centralizadora do

Brasil-colônia. No caso específico deste estudo, deve-se ressalvar a forte influência da colonização italiana, cuja estrutura familiar é centrada na autoridade do pai (patrão).

Deve-se ponderar que, a partir da década de 1980, o movimento das indústrias, na conformação de um novo modelo com forte apoio em Programas de Qualidade Total, declara reduzir o número de níveis hierárquicos e oferecer ao trabalhador voz e vez. Vive-se hoje, portanto, uma fase de transição, de convivência de paradigmas.

É exatamente essa dualidade que aparece nas entrevistas feitas. Numa delas, ao mesmo tempo que o entrevistado fala do programa "Converse com o Gerente", em que, teoricamente, quebra-se o processo hierárquico e protocolar, diz que ele durou pouco, ninguém sabe por quê. Também comenta, mais adiante, que os funcionários têm receio de falar com os supervisores, e estes, por sua vez, temem falar com seu superior, numa cadeia de hierarquia e rigidez. Diz outro, ainda, que alguns chegam a evidenciar preconceito: "Eles falam contigo, mas deixando claro que tu não é do mundo deles. Alguns chegam a ser grosseiros".

A preocupação de estabelecer diretrizes para o processo administrativo é antiga. Estudiosos como Morelly (1755), Conde de Saint-Simon (1760-1825), Charles Fourier (1772-1837), Robert Owen (1771-1857) e Louis Blanc (1811-1882) voltam seus olhares para essa direção. A Teoria da Administração Científica e a Teoria da Gerência Administrativa receberão contribuições importantes e, pode-se dizer, certidão de nascimento, com os estudos de Taylor, Fayol, Gulick, Urwick e Gilberth, entre outros.

Até o fim da primeira metade do século XX, as organizações eram vistas como uma constelação de elementos estáveis, apoiadas no consenso deles. A segunda metade do século passado, porém, levantou novos paradigmas, segundo os quais a sociedade industrial é um sistema em contínua mudança. O conflito entre grupos sociais passa a ser encarado como um processo social básico, com tendência à institucionalização. O bem-estar social estará, a partir de então, atrelado ao encaminhamento dos conflitos entre os diversos grupos de atores sociais. O século XXI confirma o paradigma tão bem definido por Armand Mattelart, segundo quem a organização do futuro será a da comunicação ou não será. Nessa direção, agrada particularmente a colocação de Gutierrez (1999), em estudos que aproveitam a linha de pensamento de Habermas, ao dizer que há duas posturas distintas de organizações: ou elas são burocráticas e estratégicas, ou de ação comunicativa. Em uma organização rigidamente estruturada no modelo burocrático, a comunicação acontece de cima para baixo e oferece um duplo discurso, facilmente captado pelo empregado. Já numa organização cuja comunicação segue fluxos abertos, canais horizontais, capilares e ascendentes, a tendência é de que o discurso comunicativo ofereça menos pontos de fuga.

Ao olhar para o indivíduo como um composto de sentimentos, complexo e instável, a organização não pode deixar de admitir a própria instabilidade e o fluxo contínuo de mudança. As organizações são sistemas abertos, influenciados ao entrar em contato com outros sistemas. Mais do que isso, seus próprios subsistemas atuam de forma estreita. Nada mais natural, portanto, que se destacar um novo paradigma no processo de comunicação: o da comunicação integrada.

No processo de transformação de uma organização do sistema burocrático para o de ação comunicativa apontado por Gutierrez (1999, p. 41-2), o papel do relações-públicas é fundamental. A ele caberá não apenas cuidar da imagem da organização a que está vinculado, mas construí-la com solidez, o que significa desenhar os processos de comunicação a partir de mudanças autênticas alicerçadas na transparência e no respeito. Para isso, um instrumento vital será o jornal de circulação interna, que, se oferecer a possibilidade do duplo discurso, descumprirá seu papel e servirá como espelho da posição assumida pela companhia.

Assim, a implantação de um jornal organizacional é um processo muito mais complexo do que parece num primeiro momento. Ele deve estar intimamente relacionado a uma política global de comunicação e não pode ser deslocado de seu lugar de jornal, de veículo de informação de massa, de mídia, sob pena de não cumprir sua verdadeira função. A comunicação constitui elemento essencial no processo de (re)criação e divulgação do universo da organização, e nenhum jornal conseguirá sustentar, a longo prazo, uma falsa imagem desse universo simbólico.

Fica, portanto, demarcado o espaço reservado ao jornalismo organizacional tanto como instrumento de medição das transformações quanto como espaço para o exercício desse processo. Assim, evidenciam-se a necessidade de recorrer ao jornalismo como ferramenta de difusão da cultura da organização e, mais que isso, o fato de essa cultura não existir isolada de uma esfera maior: a sociedade que engloba a organização. Mattelart (1991, p. 96) lembra que: "A cultura organizacional é uma base necessária para alinhar uma linguagem comum e uma política de comunicação. Em poucas palavras, o que permite a cada membro desta organização reconhecer-se como pertencente a uma entidade, diferente das demais e com seus próprios valores".

Se, de um lado, a nova organização é a da comunicação, de outro, falta-lhe consciência disso. Muitas delas não se deram conta do real valor de um jornal interno. Inúmeras das que editam jornais subestimam seu valor como instrumento difusor da cultura e da ideologia organizacional; a capacidade de interpretação do público leitor e a importância de uma edição competente dos respectivos jornais. Comparem-se, por exemplo, como já foi citado, as formas de discussão da pauta do *Para Seu Consumo* (PSC) e da pauta do **Jornal A**.

Portanto, ao pensar sobre os conceitos de organização e cultura, não se pode imaginar que eles funcionem isolados de outros fatores sociais e culturais. A organização é constantemente permeada por influências e pressões diversas, assim como exerce pressão. O trabalhador, por sua vez, está inserido em outras esferas. Existe, portanto, um sem-número de mediações na leitura que ele fará do jornal que recebe na organização. Segundo Martín-Barbero (1987, p. 311), "a cultura massiva não ocupa somente uma posição no sistema das classes sociais, mas no próprio interior dessa cultura coexistem produtos heterogêneos, alguns que correspondem à lógica do expediente cultural dominante, outros que correspondem a demandas simbólicas do espaço cultural dominado".

A cultura é a forma pela qual uma comunidade satisfaz as suas necessidades materiais e psicossociais e funciona, também, como instrumento de definição do perfil em função da necessidade de adaptação ao meio ambiente.

Para estabelecer qualquer discussão sobre a questão do jornalismo organizacional é importante reforçar os conceitos de cultura e instituições sociais (nesse caso organizações). Thompson (1998, p. 176) diz que "cultura é o padrão de significados incorporados nas formas simbólicas, que inclui ações, manifestações verbais e objetos significativos de vários tipos, em virtude dos quais os indivíduos comunicam-se entre si e partilham suas experiências, concepções e crenças".

Instituições sociais, segundo o mesmo autor, podem ser conjuntos específicos e relativamente estáveis de regras e recursos, com relações sociais estabelecidas por elas e dentro delas (Thompson, 1998, p. 176).

É irrefutável: o jornal organizacional é um instrumento indispensável para divulgar a cultura da organização. Se ele, ao se propor ser jornalismo, não o for, dificilmente sobreviverá por muito tempo, o que não significa dizer que o jornalismo organizacional será um jornalismo crítico, de tensão e confronto permanentes, como nem sempre é o jornalismo da grande imprensa.

Ao se falar em jornalismo, notícia, informação, mídia e público leitor, é importante refletir sobre os vários ângulos de abordagem que esses conceitos podem receber, não necessariamente excludentes, referindo-se ou não ao jornalismo organizacional. Ao tomar emprestada a Teoria do Espelho, dir-se-á que o jornalista é um observador neutro, que relata honesta e equilibradamente o que acontece.

Segundo Traquina, (2001, p. 66), "a ideologia jornalística defende uma relação epistemológica com a realidade que impede quaisquer transgressões de uma fronteira indubitável entre realidade e ficção, havendo sanções graves impostas pela comunidade profissional a qualquer membro que viola essa fronteira".

Abraçar essa teoria para definir o que é ou não um bom jornalismo organizacional seria ingênuo e simplista. Sabe-se que há, nas organizações, um jogo entre atores sociais de grupos diversos, migrando de um grupo para outro, num movimento recorrente, de acordo com os interesses. É impossível negar que os jornais organizacionais sirvam a propósitos ora de um ora de outro desses grupos.

É preciso registrar a importância da Teoria do *Gatekeeper*, segundo a qual o processo de produção das informações contempla uma série de escolhas em que o fluxo das notícias passa por diversas áreas com poder de decisão em vista das quais o *gatekeeper* vai selecionar a notícia. A essa teoria, principalmente quando se fala em jornalismo organizacional, devem-se agregar aspectos levantados pela Teoria Organizacional, que estende o poder de seleção à organização jornalística, "sublinhando a importância dos constrangimentos organizacionais sobre a atividade profissional do jornalista" (Traquina, 2001, p. 71).

Essa teoria dá mais peso à cultura organizacional que à cultura profissional, o que já nos deixa muito mais próximos da produção do jornalismo organizacional. É preciso sublinhar que, segundo Traquina (2001, p. 75), o jornalista empregado numa redação,

> tendo por base tanto as crenças pessoais como os códigos profissionais, [...] tem a opção de seleção em muitos momentos. Pode decidir quem entrevistar e quem ignorar, que perguntas fazer, que citações anotar e, ao escrever o artigo, que itens realçar, quais a enterrar e, de um modo geral, que tom dar aos vários elementos possíveis da notícia.

Isso não é exatamente o que acontece com o profissional do jornalismo organizacional. Daí a importância da inserção do paradigma da comunicação integrada ao pensar-se a política de comunicação da organização. Antes de repassar ao leitor o conjunto de valores simbólicos da companhia, é preciso que eles tenham sido pensados, ordenados e, principalmente, explicitados. Somente a partir daí o trabalho de jornalismo organizacional pode ser pensado e levado adiante com seriedade, embora sem dispensar aspectos da Teoria da Ação Política, que olha para as mídias como instrumentos que "servem aos interesses políticos de certos agentes sociais bem específicos, que utilizam as notícias na projeção da sua visão de mundo, da sociedade etc." (Traquina, 2001, p. 81).

É evidente que não se podem, no caso do jornalismo organizacional, ignorar os interesses econômicos. Nesse sentido, os jornais organizacionais vão funcionar como peças importantes para definir e manter um "mapa social".

A partir dos anos 1960 e 1970, estudos apontam para duas novas teorias, ainda na perspectiva da notícia como construção: a estruturalista e a etnoconstrucionista. A estruturalista mostra o papel das mídias para a reprodução da ideologia dominante e reconhece certa autonomia dos jornalistas ante o controle econômico direto. As mídias definem os acontecimentos significativos e, de outro lado, "oferecem poderosas interpretações de como compreender esses acontecimentos" (Traquina, 2001, p. 91).

Ao olhar para o jornalismo organizacional com a lente do estruturalismo, é preciso definir dois aspectos importantes: ele deixa uma possibilidade de independência da mídia em relação aos definidores primários ou porta-vozes dos poderosos, ao frisar que as mídias são institucionalmente distintas das outras agências do Estado e possuem lógicas particulares que podem levar ao confronto com os definidores primários, embora essa possibilidade seja minimizada. Além disso, "as instituições que compõem a estrutura do poder podem entrar frequentemente em disputas" (Traquina, 2001, p. 94).

A Teoria Estruturalista destaca o papel dos valores-notícia (código ideológico), enquanto a Teoria Etnoconstrucionista atribui maior peso às rotinas criadas pelo jornalista para dar conta do processo de produção de notícias. As duas teorias representativas do paradigma construcionista têm diferentes focos. A primeira orienta-se para as fontes ao passo que a segunda orienta-se para os jornalistas. Quem olhar para o jornalismo organizacional pela Teoria Etnoconstrucionista perceberá um gargalo na produção das rotinas criadas pelo jornalista. Sua ação jornalística deverá estar, portanto, muito mais voltada para a fonte, que fica, normalmente, em segundo plano.

Com essa rápida incursão por algumas das teorias do jornalismo, pretende-se mostrar a complexidade do jornalismo organizacional, o quanto ele está associado a uma política de comunicação bem definida e orientada e como o jornalismo enfrenta desafios tanto na grande imprensa quanto na "imprensa organizacional".

Jornal como vetor de culturas

As organizações cujos jornais foram analisados promovem ações que são vetores de difusão de seus valores culturais no corpo funcional. Todas essas ações e programas são divulgados sistematicamente no jornal organizacional, instrumento fundamental para a consecução desse objetivo. O **Jornal A** do bimestre janeiro/fevereiro de 2000 destaca na capa:

> "**Homenagem por tempo de organização: [nome da organização] valorizando sua gente** [título]
>
> Como forma de reconhecimento na passagem do seu aniversário, a [...] homenageou os funcionários que há 10 e 25 anos prestam seus serviços à organização, contribuindo para o seu crescimento e sucesso. A solenidade de homenagem aconteceu no dia [...] na sede do [associação de funcionários]. Um momento de muita emoção, ocasião em que os homenageados receberam os cumprimentos da Direção da Organização e foram agraciados com troféu e carta de agradecimento. Após, os presentes foram convidados para um coquetel de confraternização."

A matéria é ilustrada por três fotografias dos homenageados por dez anos de organização, do orador que os representou e de dois homenageados por 25 anos.

No **Jornal B**, o mesmo assunto é enfocado com quatro páginas repletas de fotografias de trabalhadores agrupados por quinquênios, de cinco a quarenta anos de organização. A matéria enfatiza o número de homenageados (620), bem como as ações comemorativas.

Outro caminho para a difusão da cultura organizacional são as matérias sobre treinamento[40]. No **Jornal B**, mais que no **Jornal A**, as matérias enfocam a questão sempre a partir do crescimento pessoal e profissional do indivíduo.

Não fica clara a primeira intenção: produtividade e profissionais bem treinados para difundir a cultura organizacional em benefício, é óbvio, do empregador (embora entre os empregados circule, verbalizado, o temor da demissão daqueles que não completarem seus estudos, com as possibilidades oferecidas pela organização). Veja-se a título de exemplo a matéria "[...] qualificando sua gente", na página 2, de uma das edições analisadas:

> "Com a preocupação de manter uma equipe de trabalho qualificada e motivada, a [nome da organização] mantém um Programa de Desenvolvimento, o [nome do programa]. Esse Programa é um incentivo para que as pessoas se especializem, retornando aos estudos. Um dos programas é o Projeto [nome do projeto] que iniciou em 19 [...] e encerrou em 19 [...]. O Programa contou com 129 funcionários, todos aprovados. [...]."

O **Jornal B** veiculou matéria de uma página com fotografias de "modelos" selecionados. São três pequenas entrevistas de trabalhadores que galgaram postos até assumir cargos de chefia. O exemplo ajuda a estimular os demais a fazer o mesmo:

> "A [empresa B] foi meu primeiro emprego. Ela é uma organização que cresce rapidamente, e por isso oferece grandes oportunidades para quem souber aproveitar."

Benefícios sociais, programas de treinamento, programas de qualidade total como *Kaizen*, 5S, Círculo de Controle da Qualidade (CCQ) são ações enfocadas nos jornais internos, com o objetivo de difundir os valores culturais da organização. Chama a atenção o volume de matérias editadas no **Jornal A** sobre CCQ. A editora explica:

> "Porque é um programa que a organização implantou desde 85, 89 e ele traz ótimos resultados para a organização, e ele é formado por grupos de 5 ou 6 integrantes que são circulistas e são colegas nossos que trabalham dentro da fábrica. Então, assim, mais um motivo para eles aparecerem bastante no jornal: aquela pessoa que trabalha lá naquela máquina, que tá lá no batente é bom, e a gente sabe disso, que saiu a foto dele, que nem nessa edição agora tem bastante CCQ. Mas o grupo que ganhou o Congresso Estadual, ele participou de três ou quatro apresentações fora, em função dele ter ganho lá ele levou a organização pra fora e aí a gente até colocou um texto lá parabenizando o grupo porque, além do ótimo resultado que ele traz a nível de produtividade e melhoria no ambiente de trabalho, ele está levando a imagem da organização lá fora, então por isso também do CCQ ter bastante no jornal."

Assim, a organização busca estender sua cultura e seus valores até a casa e a comunidade do trabalhador. Uma das matérias selecionadas mostra isso:

> "Desde [data] está funcionando a [nome do programa] na comunidade [...] [ela] tem como finalidade estabelecer procedimentos para a identificação de odores gerados pela [organização], que se propagam para fora dos seus limites. A [...] é formada por um grupo de [...] pessoas que auxiliam a [organização] na identificação das possíveis falhas que possam ocorrer nos equipamentos. Estas pessoas foram treinadas e orientadas de como devem proceder para identificar a presença de odores e de como preencher o formulário específico. Estas informações são registradas em planilha e assinadas a cada seis meses. Este trabalho é coordenado por [nome, setor e cargo da pessoa], com o apoio dos colegas."

O mesmo tipo de matéria é veiculado no **Jornal B**, porém em cinco páginas, o que dimensiona a valoração do tema. Lê-se:

"O dia [...] marcou o lançamento do Programa [...], com o tema [...]. O discurso de lançamento enfatizou que o Programa foi criado como uma contribuição à comunidade caxiense, cumprindo com o papel de responsabilidade social que a [nome da organização] e seus colaboradores têm perante a sociedade."

O **Jornal A** procura enfatizar outras atividades sociais que divulgam o nome da organização, como as apresentações do grupo cultural:

"Um grupo de danças [...] que faz seus ensaios aqui dentro da organização e eles viajam pelo Rio Grande do Sul, Santa Catarina, Paraná, divulgam a cultura [...]. E a nível de cultura gaúcha também tem o [nome], um grupo de CTG que é bem forte, inclusive aqui na sede tem o salão onde eles fazem a Semana Farroupilha. Tem também o grupo de teatro que nasceu em função da Semana da Qualidade, esse ano nós estamos na 8ª edição da semana e o ano passado trocando ideia veio essa de fazer teatro com os funcionários da organização, esse é um trabalho muito dez e esse ano estamos na 8ª edição, e a organização disponibiliza professor, dependências também, salas dentro da organização para o ensaio, esse ano está acontecendo nas sextas e nos sábados à tarde."[41]

Da mesma forma que a organização busca traçar ações fora de seus portões com a comunidade, também procura trazer a comunidade para dentro.

Para que o trabalhador absorva os valores da cultura organizacional, uma estratégia importante é fazer que alguns de seus hábitos e valores sejam agregados ao dia a dia do indivíduo, o que, de fato, acontece. Por outro lado, essa cultura é permeada de hábitos e valores que o indivíduo traz de casa e insere no cotidiano da organização. Da sucata o pessoal faz vasos, floreiras e uma série de objetos de decoração, o que inclui porta-canetas, araras e cabides, entre outros.

Isso mostra como é a apropriação daquele espaço pelo trabalhador. Da mesma forma, a filosofia 5S é adotada na casa de muitos, para a organização de armários e materiais, e vários deles levam para suas casas os procedimentos indicados nas campanhas de economia de energia elétrica. Alguns ainda desenvolvem o hábito de ler revistas técnicas ligadas ao ofício.

Os setores costumam fazer festas para comemorar o aniversário de seus integrantes, ou trabalhar com roda de chimarrão. Empregados das duas companhias incorporaram, também, o costume de comemorar o Natal, com árvore decorada, troca de presentes e doces. Em diversas das organizações, puderam-se testemunhar manifestações religiosas. Alguns setores escolhem seus santos protetores e instalam capelinhas em lugares estratégicos, normalmente suspensos para não atrapalhar a produção.

Outra manifestação trazida de casa é o costume de polir o assoalho com pedaços de tecido arrastados pelos pés. Muitos setores deixam os panos na entrada, e cada um que chega pisa e circula pelo ambiente, depositando-os novamente na porta ao sair. Outros possuem uma caderneta de poupança a que recorrem em caso de necessidade de um dos indivíduos ou para outro fim que beneficie o grupo. Na segunda-feira, muitas pessoas levam provas dos quitutes que fizeram no fim de semana, para dividir com os colegas, como se fazia, na campanha, com os vizinhos.

Percebem-se nitidamente hábitos diferentes de um setor para o outro. Valores absorvidos da organização e valores trazidos pelos trabalhadores dos diferentes setores permitem que se fale em diversas culturas. O jornal tem papel fundamental na "costura" dessas culturas, na medida em que divulga matérias que evidenciam esse fenômeno. Uma forma de divulgar sua cultura é envolver o colaborador e sua família nas atividades sociais e de lazer que a organização promove.

Essa estratégia tem especial destaque nos dois jornais analisados. As duas organizações mantêm lojas em que vendem os mais variados produtos a preços vantajosos, com desconto na folha de pagamento. Ambas possuem, também, academia de ginástica e biblioteca. A **Empresa A** ainda oferece locadora de vídeo aos trabalhadores, tudo divulgado pelos jornais organizacionais, com ênfase maior, sempre, nos vetores culturais.

Atividades que envolvem as crianças também são comuns. A **Empresa B**, em seu jornal interno, promove concursos como o de criação de um cartão de Natal etc. Além disso, publica encartes especiais interativos alusivos ao Dia das Mães, Dia dos Pais e Dia da Criança, como um jogo da memória, onde divulgou institucionalmente seus produtos e sua marca. Veja-se a matéria "Colônia de férias":

> "[nome do clube ou associação dos funcionários] proporcionou um período de férias diferente e muito divertido aos filhos de funcionários. A Colônia de Férias contou com a participação de 80 crianças que foram orientadas por equipe especializada em recreação."

Na página seguinte, duas matérias de serviço, para integrar a família do trabalhador à leitura: "Receitas rápidas e de dar água na boca" e "Tire proveito da beleza e o (sic) bem-estar que vem das ervas".

Outra forma de aproximar os familiares da companhia vista no **Jornal B** é a festa comemorativa à Semana Farroupilha. Destacada na capa da edição, a matéria relata, na página central, com treze fotografias, a presença de mais de duas mil pessoas, e evidencia as trinta e cinco barracas dos diversos setores da organização, os discursos de diretores e as apresentações artísticas. Veja-se:

> "No sábado, um grande grupo de pessoas recebeu os cavalarianos, que chegaram às 10 horas, dando espaço para o hasteamento das bandeiras da [organização], do Rio Grande do Sul e do Brasil."

Um momento importante onde ocorre a divulgação dos valores culturais da companhia são os encontros sociais que reúnem trabalhadores e familiares no Centro de Esporte e Lazer do Sesi e nas sedes sociais e esportivas das respectivas organizações, para campeonatos em diversas modalidades. Nesses campeonatos, especialmente, sobressai o espírito corporativo, e o trabalhador "veste a camiseta da organização", fato muito evidenciado em todas as edições dos jornais, mas, principalmente, na **Empresa B**, que tem como antiga tradição unir os trabalhadores pelo esporte. Prova disso é o grande número de títulos conquistados em disputas esportivas do Sesi desde a sua fundação.

Assim, ao mesclar valores dos indivíduos aos seus, com o apoio evidente dos manuais de treinamento, de concursos do tipo Operário-Padrão, com prêmios por assiduidade, homenagens por tempo de casa, entre outras estratégias, a organização contempla em seus jornais, fartamente, o aspecto ideológico. O **Jornal A**, mais que o **Jornal B**, publica matérias ligadas à qualidade, à produtividade, à redução de custos. Na edição março/abril de 2000, há nove títulos referentes ao tema. Dos 50% restantes, a matéria de capa fala sobre um produto.

É indiscutível a presença de múltiplas culturas no ambiente organizacional, como é também tendência da organização imprimir seus valores ao grupo, normalmente de forma dissimulada, para o que o jornal é um excelente instrumento. Quando a organização fala em treinamento, dá à matéria um tom de filantropia. Os benefícios diretos que o treinamento traz à companhia são mencionados com menor ênfase que os benefícios trazidos ao indivíduo. Vale-refeição, convênio-saúde e alguns outros benefícios determinados por lei aparecem como "atos de bondade". Nesse sentido, falta às matérias transparência, objetividade e correção. Já matérias que mostram a adaptação dos 5S nas casas dos trabalhadores, que revelam verdadeiros milagres feitos por eles ao conseguirem, por meio de muitas economias, construir casas próprias e adquirir automóveis com seus salários, são pautas frequentes nos jornais organizacionais. O enfoque escolhido leva a pensar que a organização é extremamente solidária e "bondosa", e só não consegue sucesso pessoal e profissional aquele que não sabe aproveitar as oportunidades e administrar sua vida.

Em muitas ocasiões, na edição de jornais, foram entrevistados trabalhadores próximos de se aposentarem, com filhos adultos. Com uma vida de sacrifício eles construíram a casa própria, estruturaram uma família e colocaram os filhos na escola. Ao relatar esses fatos, deixam clara a convicção de que, embora tenham conseguido pagar os estudos de seus filhos, nunca puderam, eles mesmos, estudar.

Reservam aos filhos a ascensão social, mas não se permitem galgar o mesmo caminho. Subentende-se que eles aprisionaram-se em função de aspectos culturais que lhes foram inculcados, o que leva à ideia de falsa consciência presente no conceito de ideologia de Chaui (1998, p. 87). Nesse sentido, os jornais organizacionais cumprem seu papel de forma perfeita, bem ou malfeitos. Eles destacam modelos que reproduzem os padrões culturais da organização que, por sua vez, reproduzem os modos de produção capitalista.

Um exemplo de matéria com o objetivo de reproduzir as relações capitalistas de trabalho é o destacado a seguir: "Orçamento doméstico (uma questão de administração)", acompanhada de um boxe com dicas. "Planejar os gastos ao longo de cada mês não é tarefa das mais fáceis. Muitos se sentem culpados por não conseguir isso com tranquilidade." Em nenhum momento, a reflexão é encaminhada para a questão social do desemprego estrutural, da miséria e das baixas médias salariais do país. A chave da questão é: "Cada um consegue sobreviver com o que ganha, não importa quanto seja" e, "se isso não acontece, a culpa é do indivíduo, e não do salário".

Essa forma subliminar para passar mensagens se mostra mais eficiente que a linguagem adotada pelo jornalismo sindical, cuja característica mais forte é a agressão, um discurso forte e de ataque. Isso tem efeito contrário ao desejado na recepção. Os entrevistados nesta pesquisa foram unânimes em afirmar que preferem os jornais organizacionais, e que os jornais do sindicato simplesmente "avacalham com os patrões". Ou seja, jornalismo sindical também não é levado a sério.

Deve-se atentar para o aspecto de que o fato de haver uma diretriz para que os receptores leiam as matérias determina que isso aconteça. Assim, há três esferas de significação: a da organização, a do responsável direto pela produção e a da recepção. Cabe, portanto, a pergunta: o jornalista de fato escreveu aquilo que a organização queria que fosse escrito? E a resposta: cada receptor poderá (e certamente vai fazê-lo) ler seu jornal de modo particular e único, e irá produzir significações diversas para uma mesma informação ou grupo de informações.

Aspectos ideológicos

A partir da análise, percebe-se um vínculo indissociável entre cultura organizacional e ideologia. Assim, não se pode deixar de dar atenção especial ao conceito de ideologia, que de forma mais ampla é o "sentido a serviço do poder", conforme define Thompson (1998, p. 16):

> O estudo da ideologia exige que investiguemos as maneiras como o sentido é construído e usado pelas formas simbólicas de vários tipos, desde as das linguísticas cotidianas até as imagens e aos textos complexos. Ele exige que investiguemos os contextos sociais dentro dos quais essas formas simbólicas são empregadas e articuladas.

Thompson (1998, p. 201) reitera que os indivíduos não absorvem passivamente o que lhes é apresentado, mas estão "engajados ativamente, algumas vezes criticamente, num processo contínuo de autoformação e autocompreensão, num processo do qual a recepção e a apropriação das mensagens da mídia são, hoje, uma parte integrante".

Além disso, pode-se afirmar que, hoje, vive-se um momento de transição, em que convivem organizações e empregados com o perfil do início do processo de industrialização no país, organizações e empregados da década de 1980, e organizações e empregados com o perfil da internacionalização do capital.

É certo, porém, como já dito, que muitas organizações continuam empreendendo às suas estruturas de comunicação o perfil da primeira metade do século XX, em que predominam a autoridade, a verticalização e a dissimulação das informações. Como diz Verón (1996, p. 29), "entre as condições produtivas de um discurso há sempre outros discursos".

Isso permite concluir que a organização tem uma fala; suas camadas intermediárias, outra. Os trabalhadores são capazes de ler as duas e têm, por sua vez, a fala própria. Assim, cada instância possui sua gramática e o que reduz as possibilidades de ruído nas significações atribuídas a um mesmo texto é o domínio dos códigos da recepção pela produção.

Em síntese, todo fenômeno social será lido (e produzido) em relação à ideologia e ao poder. Nenhum processo de comunicação é destituído de ideologia. Para Verón (1996, p. 17), "o ideológico não é o nome de um tipo de discurso [...], senão o nome de uma dimensão presente em todos os discursos produzidos no interior de uma formação social, na medida em que o fato de serem produzidas nesta formação social deixou suas 'marcas" no discurso".

Assim, qualquer processo de comunicação terá pelo menos três possibilidades de leitura: a da geração, a do discurso e a da recepção.

Eco (1999a, p. 7) mostra que,

> deve-se buscar no texto aquilo que o autor queria dizer; aquilo que o texto diz, independentemente das intenções do autor [...] É preciso buscar no texto aquilo que ele diz relativamente à sua própria coerência textual e à situação dos sistemas de significação em que se respalda, e aquilo que o destinatário aí encontra relativamente a seus próprios sistemas de significação e/ou relativamente a seus próprios desejos, pulsões, arbítrios.

Poder e legitimação

A partir dos anos 1980, quando se configura um novo modelo de organização, configura-se também um novo trabalhador, com maior formação técnica e profissional, mais espaço para a crítica e a reflexão, mais fontes e canais de informação, o que conduz um novo perfil das relações capital × trabalho. Desse momento, pode-se falar, como Thompson (1998, p. 199), que,

> em um sentido mais geral, "poder" é a capacidade de agir na busca de seus próprios objetivos e interesses: um indivíduo tem poder de agir, poder de intervir em uma sequência de eventos e alterar seu curso. Agindo dessa forma, o indivíduo apoia-se e emprega os re-

cursos que lhe estão disponíveis. Assim, a capacidade de agir na busca de seus próprios objetivos e interesses depende da posição do indivíduo dentro de um campo ou instituição.

O autor analisa o poder como

> nível de um campo ou instituição é a capacidade que possibilita ou capacita alguns indivíduos a tomarem decisões, perseguirem certos fins ou realizarem interesses; capacitados de tal forma que, sem a capacidade oferecida por sua posição dentro de um campo ou instituição, eles não seriam capazes de levar adiante sua importante trajetória. Os indivíduos dotados de capacidades variáveis desse tipo, e por isso com variados graus de poder, podem manter determinados tipos de relações sociais uns com os outros. Quando relações de poder estabelecidas são sistematicamente assimétricas, então a situação pode ser descrita como de dominação. Relações de poder são sistematicamente assimétricas quando indivíduos ou grupos de indivíduos particulares possuem um poder de maneira estável, de tal modo que exclua ou se torne inacessível, em grau significativo a outros indivíduos ou grupos de indivíduos, não importando a base sobre a qual esta exclusão é levada a efeito.

As relações de poder se modificam no mesmo ritmo em que muda o perfil das sociedades. Temos um modelo na sociedade agrária e outro, diferente, na sociedade urbana. Assim, as relações de poder são diferentes nas organizações da década de 1950 em comparação aos dias de hoje. De uma hierarquia rígida, com muitos escalões, chega-se a uma relação mais aberta, com menos intermediários. Alguns dos trabalhadores entrevistados pontuam essa diferença: "Antes a gente era vigiado, tinha tempo cronometrado até para ir ao banheiro. Hoje, é tudo diferente".

Embora de forma mais lenta que prega a teoria, percebe-se uma mudança de paradigma nesse sentido. As organizações trocam o poder da força pela força do poder, apoiadas em ferramentas eficazes como o *marketing*, que legitima e camufla a tensão.

A legitimação do poder da organização pelos trabalhadores acontece quando eles recebem benefícios sociais, espaço para opinar em programas de qualidade, participação em lucros e uma série de benefícios que o *marketing* aponta como relação ganha-ganha. O trabalhador atesta o poder da organização, o jornal organizacional ratifica esse quadro e, à medida que a organização se engaja na comunidade, aumenta sua influência, ou seja, sua esfera de poder. Nesse sentido, o jornal organizacional é eficaz. Ele leva à recepção o discurso da organização, de forma dissimulada, muitas vezes com as "cores" de um discurso próprio.

Na recepção, a partir de entrevistas com leitores, verificou-se o quanto as leituras se aproximam dos objetivos discursivos da organização e o juízo dos leitores sobre esse tipo de veículo.

Escolheu-se o ano 2000 porque já havia pesquisas quantitativas desenvolvidas pelas duas empresas, no que diz respeito aos jornais, e pesquisas de clima organizacional, que mostram o perfil do público dos jornais investigados. Além disso, nos últimos cinco anos, esse foi o período que mais respeitou a periodicidade do jornal.

5 A RECEPÇÃO

Para o estudo da recepção, fez-se uma pesquisa com base no cadastro geral de cada uma das organizações. Buscavam-se perfis diversos para cercar o maior número possível de segmentos de leitores, embora pesquisas de clima organizacional, desenvolvidas pelas áreas de recursos humanos das companhias, tivessem traçado esses perfis anteriormente. Foram selecionadas pessoas de ambos os sexos ligadas à produção do jornal, pessoas das áreas administrativas e da produção, pessoas com baixo nível de escolaridade formal e pessoas com formação, assim como pessoas com muito e pouco tempo de organização, mas vindas de companhias que possuíam jornais internos.

Depois de elaborado um roteiro básico para as entrevistas, foram agendados encontros nas próprias fábricas, que dispõem de espaço para conversar tranquilamente. Traçou-se um roteiro aberto para orientação da pesquisadora, a fim de transformar aquele diálogo numa troca espontânea de informações. Não se pretendia aplicar um questionário-padrão, mas conversar com os entrevistados, priorizando aspectos qualitativos mais que quantitativos na abordagem.

Em uma primeira bateria de entrevistas a título de amostragem piloto, da qual participaram oito entrevistados, percebeu-se que, embora o ambiente onde ocorreram as entrevistas fosse muito agradável para a pesquisadora, era constrangedor para os entrevistados. Eles se mostravam ansiosos pelo tempo e pouco à vontade com relação às falas. Por estarem em seus locais de trabalho, pareceram intimidados. Falavam pouco e, conforme chegava um candidato para conversar, ambos se mostravam ansiosos para encerrar o encontro e voltar ao trabalho. Esse grupo de entrevistas, denominadas exploratórias, serviu para testar os critérios aplicados de seleção das pessoas, o tipo de questionamento levantado, a forma de aplicação e a própria postura da entrevistadora.

A partir daí, selecionou-se de uma nova bateria de entrevistados, e as conversas seriam em suas próprias casas. Foram selecionadas dez pessoas para compor a amostra concreta da pesquisa. Somente uma delas foi entrevistada em nosso escritório, por morar em uma cidade-satélite e mostrar resistência a que se fosse até sua casa. Os demais foram muito gentis na recepção, fazendo os mais diversos comentários e abordando os mais variados aspectos, depois da promessa de que a identidade seria preservada.

Aplicando as entrevistas na residência das pessoas, puderam-se envolver também outros membros da família, geralmente cônjuges, pais ou namorado(a). A ideia era aplicar entrevistas em grupos para medir impressões de familiares, no que se obteve sucesso. Os primeiros selecionados não foram aproveitados porque, certamente, mesmo em condições mais adequadas de ambiente, não iriam emitir opiniões e comentários diferentes dos que já haviam feito, por uma questão de coerência.

Era fundamental falar com os leitores dos jornais analisados. Esse contato seria importante na análise da recepção. Somente ele nos daria pistas para confirmar, ou não, as hipóteses levantadas.

Depois de transcritas todas as entrevistas, voltou-se a campo, pois alguns aspectos importantes para o trabalho não haviam sido abordados suficientemente. Renovaram-se os contatos e complementaram-se as entrevistas com nova pauta de orientação e abordagem mais profunda dos aspectos de lazer e cultura. A intenção era aplicar a segunda bateria de entrevistas nos mesmos selecionados; dois deles, porém, não voltaram a ser entrevistados por estarem fora do estado, de férias.

Era importante considerar a impressão de leitores engajados em outras esferas de mediação, como sindicato e associação de bairro, bem como funcionários que moram com a família. Da mesma forma, era importante ter leitores que estivessem estudando e leitores que pararam de estudar, em busca de uma comparação de opiniões. Considerou-se, também, ter entre os entrevistados pelo menos um ativista sindical, que provavelmente traria uma visão diferenciada e crítica sobre as relações organização × empregado.

O receptor plural

Quando se fala em recepção, um dado importante é que as leituras não são homogêneas, porque nem o receptor o é. Variam seus interesses e é diversa a produção de sentido ante uma mesma obra, de acordo com seus sistemas de significação. Esse leitor, que é o receptor, contará sempre com o processo de mediação ao assistir à TV ou ler um jornal. Um não existe sem o outro. Não há como dispensar o processo de mediação.

Para Martín-Barbero (1987, p. 240), recepção é o espaço relacional "dos conflitos que articulam a cultura, das mestiçagens que a tecem, das anacronias que a sustentam e, por último, do modo como trabalha a hegemonia e a resistência que mobiliza". Está claro que a recepção não se constitui em relação direta entre duas pontas: o produtor e o emissor. O sentido se produz por meio das mediações, que são diversas e variam conforme mudam os receptores ou grupos.

Isso foi notado nas entrevistas. Quando os leitores têm dúvida quanto ao sentido de determinada matéria, solicitam explicações a seus supervisores, mas não deixam, também, de conversar entre si, e apontam o vestiário e o refeitório como lugares mais comuns para a conversa, considerados mais seguros e reservados. Em alguns casos, dependendo do tema da conversa, chegam a verificar se há mais alguém no ambiente (vestiário/banheiro).

Gómez-Orozco (1991, p. 60) também associa televisão e mediações. Ele observa que três premissas guiam a análise de recepção televisiva: "Que a recepção é interação; que essa interação está necessariamente mediada de múltiplas maneiras; e que a mencionada interação não está circunscrita ao momento de ver TV". Assim, o esquema linear de uma mensagem que atinge determinados efeitos ao chegar ao destinatário é abandonado, e isso vale para a leitura de um jornal e, mais especificamente, para um jornal organizacional.

Para Martín-Barbero (1987, p. 10),

> é no cotidiano que ocorre a recepção, onde as pessoas vivem, e o sujeito mostra-se como é, que ele pode se soltar da maioria das amarras que carrega. A cotidianidade familiar, repleta de tensões e conflitos, é um dos poucos lugares onde os indivíduos se confrontam como pessoas e onde encontram alguma possibilidade de manifestar suas ânsias e frustrações. O âmbito familiar, inclusive, reproduz, de forma particularizada, as relações de poder que se verificam no conjunto da sociedade.

Uma nova ótica se instaura: os receptores não são mais considerados apenas guiados pelas indústrias culturais, a sociedade não é só mídia. Há outros dados mediadores a serem observados.

Outro avanço está em relacionar comunicação e cultura, por apreender o fenômeno como integrante de um processo de maior dimensão e não de forma estanque.

> Pensar os processos de comunicação a partir da cultura implica deixar de pensá-los desde as disciplinas e os meios. Implica a ruptura com aquela compulsiva necessidade de definir a "disciplina própria" e com ela a segurança que proporcionava a redução da problemática da comunicação à dos meios. [...] Por outro lado, não se trata de perder de vista os meios, senão de abrir sua análise às mediações, isto é, às instituições, às organizações e aos sujeitos, às diversas temporalidades sociais e à multiplicidade de matrizes culturais a partir das quais os meios tecnológicos se constituem. (Martín-Barbero, 1987, p. 10)

As audiências são plurais. Na recepção ocorrem a negociação, a produção de sentido e, também, o estudo dos meios de comunicação de massa a partir da cultura. A recepção não é um espaço consensual.

Ela está constantemente acompanhada de conflitos e tensões. Essa concepção da recepção implica estudar os conflitos.

> O espaço da recepção é um espaço de conflito entre o hegemônico e o subalterno, as modernidades e as tradições, entre as imposições e as apropriações. Quando falamos de recepção nesse sentido, não estamos falando de uma recepção individual, senão da recepção como fenômeno coletivo, da sociedade da recepção [...] Estudar a recepção é estudar este novo mundo de fragmentações dos consumos e dos públicos, essa liberação das diferenças, essa transformação das sensibilidades que encontram um campo especial na organização das relações entre o privado e o público. (Martín-Barbero, 1987, p. 27)

A recepção tem posicionamentos diferenciados diante dos produtos. Diferentes mediações vão implicar variação de postura diante dos bens simbólicos. É importante também considerar as pulsões, os desejos e as próprias capacidades individuais. Isso leva à reflexão sobre a forma como as organizações avaliam seus jornais, normalmente com pesquisas quantitativas. O uso do método qualitativo de pesquisa fez perceber a diferença fundamental entre os dois métodos, principalmente porque é possível dar-se conta de que,

> sendo o sentido negociado, a comunicação, por sua natureza, é negociada. Como o produtor não é onipotente, nem o receptor é um mero depositário de mensagens de outros, a comunicação implica transação entre as partes envolvidas no jogo midiático. Há uma valorização da experiência e da competência comunicativa dos receptores. (Martín-Barbero, 1987, p. 25)

Percebe-se, também, que a pesquisa quantitativa limita a troca entre pesquisador e pesquisado, o que oportuniza que continue a vigorar um aspecto do qual fala Morin e em minha vivência profissional havia sido constatado: o silêncio como "fala". A recepção percebe uma série de inadequações, mas não se manifesta. Faz do silêncio um "instrumento de diagnóstico" que, por sua vez, a produção (organização) não consegue "ler" ou decodificar, e só vai aparecer, de fato, em uma pesquisa qualitativa.

Esse quadro pode remeter à Teoria da Espiral do Silêncio, segundo a qual a comunicação social tende a consagrar mais espaço às opiniões dominantes, ou que pareçam assim, a ponto de reforçá-las, atitude que contribui para "calar" as minorias ou as pseudominorias pelo isolamento. No caso do jornalismo organizacional, acredita-se que a recepção esteja composta de uma maioria silenciosa que passa por minoria. Veja, por exemplo, o trecho destacado da entrevista de B:

> "O jornal da organização traz poucas coisas interessantes. Acho que tinha coisas que não tem mais. Eles sorteavam por mês um funcionário que era entrevistado para aparecer na edição. Eu gostava desta parte, acho que não tem mais."

O desinteresse do entrevistado B cresceu, pois o jornal não trazia mais novidades, nem sobre a organização nem sobre fatos gerais. O entrevistado acredita que o maior número de leitores está nos funcionários novos, por ainda não conhecerem a companhia. Ele frisa que há colegas que gostam da leitura e levam o jornal para casa. Quando fazia isso, sua família lia o jornal. "Lia e gostava. Temos recortes de quando eu saí no jornal umas quatro ou cinco vezes. Estão guardados desde 1993."

B fornece uma pista interessante. Há dois segmentos de leitores: os que estão na organização há algum tempo e os novos. É importante encontrar uma fórmula que contemple matérias novas e, ao mesmo tempo, mostre aos novatos aquilo que os veteranos já conhecem, preocupação que não foi percebida nos casos analisados.

A recepção tem uma noção muito clara do objetivo do jornal organizacional, bem mais clara que a suposta pela produção. Isso se observa, por exemplo, neste trecho da entrevista D:

"Eu vejo ele direcionado muito mais para a organização, no caso divulgando o que a organização vai fazer, o que não vai fazer... Acho que na maioria das vezes eles mostram como eles querem que a gente veja. Não é assim: em primeiro lugar mostrar a opinião do funcionário. É como eles querem. Acho que a maioria pensa assim. Eles podem até colocar alguma coisa, mas não deixar a coisa assim, muito clara."

E o entrevistado E exemplifica:

"Muitas vezes tem acidentes graves dentro da organização, então eles não divulgariam ou eles fariam um alerta. Campanha eles fazem, né, mas nunca falaram do fulano, do cicrano, do beltrano. Que nem teve um colega nosso que tirou um braço fora e nunca mais a gente ficou sabendo dele e de repente eles podiam dar uma notícia assim, aconteceu com o colega isso, aquilo. Nestes tipos de coisa a organização já fecha o olho, né. E tem outros casos também. Quando acontece uma crise, quando eles começam a colocar gente na rua, ou às vezes a produção baixou, este tipo de coisa."

Parece importante analisar, a partir dessa manifestação, a falta de interesse, de inteligência e a ausência de uma política de comunicação nas organizações. Sem espaço e sem autoridade, a área de comunicação não faz uma análise mais profunda e competente sobre o que e como falar. Alguém, normalmente baseado na autoridade, veta a discussão sem avaliar as consequências disso.

Nesse sentido pode-se relatar uma experiência pessoal importante. Certa época, houve um acidente em uma organização para a qual editava um jornal: um trabalhador morreu em consequência de uma explosão na fábrica. Feitas as investigações legais, o laudo inocentou a companhia de qualquer responsabilidade sobre o ocorrido. O acidente causou uma série de comentários e manifestações de desconfiança. Na discussão de pauta, sugeriu-se abordar a questão para esclarecer os fatos e amenizar o "jornalismo de corredor".

Um diretor concordou, mas diversos gerentes manifestaram-se contra. Resultado: a questão não foi abordada e os comentários continuaram, por longo tempo, a questionar as normas de segurança e cuidado na organização. Interessante lembrar, como coloca Henn (1996, p. 105), que,

> em termos de jornalismo, pode-se considerar dois tipos de falibilismo. Um [...] provocado por falhas na cobertura na abordagem do repórter, sem que houvesse intenção prévia nesse sentido [...]. O que não se aceita é um outro tipo de falibilismo, intencional, que procura retocar o acontecimento com tons que atendam interesses escusos da organização jornalística ou de grupos a ela ligados.

A posição crítica do autor denuncia um fato concreto e comum no jornalismo. Teoricamente, uma cobertura jornalística deveria ser objetiva e isenta, mas não é, pelo simples fato de não existir sem a mediação do repórter. Da mesma forma, não é isento o jornalismo organizacional. Seria ingênuo acreditar nisso, em qualquer um dos casos, assim como é ingênuo o posicionamento da organização ao supor que a recepção não percebe a parcialidade.

Para as áreas de comunicação das companhias, o impasse está na classificação de notícias, ou fatos a divulgar, diretamente a quem vai dizer. Traçar uma membrana espessa o suficiente para demarcar essa separação é, para a organização do novo século, consciente de suas obrigações com a sociedade e do novo paradigma da comunicação, o grande desafio.

Pactos de sentido

Tanto para a produção quanto para a recepção, os jornais organizacionais possuem um sentido diverso de outros jornais ou revistas. Veja-se, por exemplo, o caso da entrevista de E: ela não identifica o jornal da organização com um jornal comum, da imprensa diária.

> "Eu vejo ele direcionado muito mais para a organização, no caso divulgando o que a organização vai fazer, o que não vai fazer. Acho que na maioria das vezes eles mostram como eles querem que a gente veja."

O entrevistado E garante que a organização "vende" no jornal situações que não são verdadeiras. E deixa claro que ela não diz algumas coisas fundamentais. "Omite, mas não mente."

Muitas vezes o que o jornal publica não é interpretado da maneira como a organização prevê, e H confirma isso:

> "Eles pensam assim: 'Existe o jornal, ele passa algumas coisas da organização, é importante, eu quero mas nem tudo que tá aqui é pra valer'. Tem coisas, que nem por exemplo algumas matérias, eles falam brincando, "não sei por que publicar este tipo de coisa". Brincando ou não, eles falam, tem coisas que eles acham que é só pra encher linguiça, só pra que o jornal tenha mais páginas, eles acham. São várias linhas e interpretações que cada um pode entender de uma maneira diferente. Não existe a organização perfeita, mas eu acho que querem mostrar perfeição demais em algumas coisas. Não é bem assim. No dia a dia você percebe que não é bem assim. Então eu acho que não precisa tanto alarme, tanta fantasia em tantas coisas. E todos percebem isso, tranquilo. As pessoas comentam sobre isto."

O entrevistado E costuma guardar os jornais por longos períodos, principalmente quando aparece em alguma reportagem. O que se espera do jornal de hoje é que amanhã esteja no lixo, o mesmo que acontece com revistas mensais ou semanais. Com o jornal organizacional, porém, é diferente. Muitos leitores guardam, fazem coleção, e a produção avalia o sucesso do veículo por esse aspecto. Se, depois de lido, ele vai para o lixo, é porque não está bom.

No que se refere aos temas, o que mais interessa no jornal, de acordo com o entrevistado G:

> "[...] é a organização, pra saber o que está acontecendo com ela. Uma coisa que eu adoro também é o nascimento das crianças, que sai o nome do pai, da mãe, do nenê, eu acho tão importante aquilo. E quando dá notícias das outras filiais integra o pessoal. De zero a 10, eu daria 9 para o jornal, porque acho que as fotos de algumas pessoas sai muito repetidas. Não fosse isso, dava 10."

Os leitores sabem exatamente o que vão e o que jamais vão encontrar nesse tipo de jornal, e isso deixa claro que há uma leitura dirigida. Porém, o mais interessante é observar que seria natural buscarem no jornal do sindicato esse outro tipo de informação e, pelo contrário, como mostram algumas falas, eles praticamente não os leem, garantem que são muito ruins e só servem para "avacalhar os patrões".

O entrevistado I. tem certeza de que o jornal do sindicato não funciona como o da organização.

> "Não, não funciona. O jornal do sindicato a gente larga lá, 10% leem, o restante não lê. Eu não sei por quê. Ainda hoje eu tive reunido com a diretoria e disse a eles que tem muita gente, com esta crescente crise no mundo, que estão abafando o sindicato, os meios sociais. Tem muita gente lá na firma que diz: 'E aí? Já fechou aquela porqueira lá?' Aí eu respondo: 'Não fechamos e nem vamos fechar'. Então passa na ideia de muita gente que não precisa de sindicato, que não querem o sindicato. Pelo menos 50% dos trabalhadores ou mais acham isso. Então fica difícil. Se passar o jornal do sindicato, os caras começam: 'Pra que isto, o que vocês querem, em vez de gastar com folha por que vocês não dão aumento pra nós? Quanto que vocês não gastam pra fazer a tiragem deste jornal de vocês?' Eles nem leem as informações que têm no jornal, fica difícil trabalhar uma categoria."

Jornais da organização e programas de desenvolvimento ajudam a tornar esse trabalhador mais consciente, de acordo com I:

> "Hoje, por causa deste mundo evoluído, o próprio trabalhador também tem evoluído, e qualquer coisa que acontece contra ele e que não tem prova ele procura a lei. Então hoje fica mais difícil de o sindicato ser um intermediador entre a organização e o trabalhador. Eu acho que cresceram sindicato, organização e trabalhador."

A entrevista aponta, ainda, outros aspectos importantes:

> "Muito da distância que as pessoas tomam do sindicato reflete o medo de perder o emprego. Hoje, as organizações são mais abertas, mas essa

ameaça é uma constante. Para cada trabalhador que deixe uma vaga há pelo menos vinte dispostos a preenchê-la e essa ameaça é dita pro cara pelos chefes."

O entrevistado B é de opinião que o jornal deveria reportar matérias sobre mercado, produção, desempenho, vendas. "Acho que é muito importante saí isto aí. Só que falam muito vagamente." Apenas em parte, a organização descrita pelo jornal reflete a que, de fato, existe. A lacuna maior fica por conta das questões administrativas, de desempenho e de mercado. "O resto é o que a gente sabe, mais ou menos. E as pessoas sabem disso. Elas acreditam no que leem, embora nem tudo o que deva ser dito está ali."

Quando é destacado em alguma reportagem, seja pelo aspecto profissional seja por algum motivo pessoal, o trabalhador se sente aceito pela companhia. Nesse momento, ele vê sua imagem refletida, e acontece, então, uma espécie de simbiose entre seus valores e os valores da organização. Quando isso ocorre, o jornal organizacional atinge, de fato, seu objetivo. Mostrar ao empregado, portanto, a sua imagem, os seus valores, fragmentos de sua cultura e sua parcela de participação para o sucesso daquela companhia é de importância fundamental.

Mostrar o produto, o mercado, as unidades, o crescimento, ao contrário do que supõe o olhar míope de muitos gerentes de RH, "marqueteiros de plantão" e "especialistas" em administração e finanças, surtirá efeito positivo pois conecta o trabalhador a um universo maior que o do seu cotidiano. Assim, o jornal organizacional é usado inteligentemente quando suaviza os contornos dos valores culturais da organização e deixa transparecer os do empregado; dessa forma, ele cria uma área híbrida em que os dois coexistem.

É possível perceber que, enquanto a organização teme publicar determinado tipo de matéria, com receio de que os dados sirvam como argumento, por exemplo, nas discussões salariais ou na avaliação da distribuição de lucros, os empregados sabem exatamente que não vão encontrar transparência nas informações. Eles acham isso natural, porque veem o jornal organizacional como dela, logo, comprometido com seus interesses prioritários que não são, obviamente, informar com transparência o trabalhador, mas transmitir seus valores culturais e ideológicos e trabalhar positivamente a própria imagem.

Tudo isso fica muito claro, por exemplo, na entrevista de B. Nela, verifica-se que o papel principal do jornal de uma organização é mostrar fatos passados ou futuros na empresa, como prêmios ganhos, novidades implantadas, mudanças. A entrevista frisa que o jornal deve contar e mostrar coisas sobre a organização, mas não funcionar como um manual de treinamento. "Os textos são bem escritos. Tem umas fotos bem legais. É bom, só que eu acho que eles se baseiam numa matéria só, e tão esquecendo de outras, ultimamente só fala sobre [...] e CCQ."

Apesar da clareza e do aguçado senso crítico com que analisam as pautas, os receptores evidenciam o desinteresse em participar mais ativamente da sua elaboração. Nas entrevistas de A e B, quando falam do jornal, referem-se às pessoas que o produzem, mas não sabem ao certo quem são elas, o que mostra um funil na comunicação interna. Os entrevistados expõem falta de vontade de conhecer mais sobre o processo. A e B acreditam que, se fizessem uma sugestão de matéria para o jornal, ela seria aceita, mas garantem que não pretendem fazê-lo.

Isso ratifica a tese de que o leitor não quer ser parte ativa no processo de produção. A recepção julga, avalia e se interessa pelo que quer ler no jornal, mas, apesar dos esforços da organização em manter esse canal aberto, ela não se envolve em sua produção. Entende-se que isso pode:

a) estar relacionado ao modo como funciona o poder na organização, descrita por B como uma organização que mantém grande distância entre as chefias, os gerentes, os diretores, o diretor-geral e a base dos trabalhadores:

> "Eles tentam dar mais liberdade, mas o sistema antigo continua. É uma empresa autoritária. Tem muita hierarquia. Acho que as pessoas se ressen-

tem, principalmente quem trabalha mais direto com a produção. Pelo que a gente vê, até pelo próprio jeito de conversar, não é todos, né, tem gente que chega e conversa contigo normal e tem gente que não, ele tá ali conversando contigo, mas tu não faz parte do mundo dele. Eles tentaram fazer uma vez no papel, uma pirâmide, mas foi por um tempo e depois acabou, tu vê até pelos próprios chefes que eles têm um pouco de medo de falar com os supervisores, gerentes. As pessoas têm um certo medo de conversar com os próprios líderes, as pessoas da administração acho que têm preconceito com o pessoal de produção."

b) ligar-se ao fato de que as pessoas teoricamente especialistas em fazer jornal ou em traçar planos estratégicos de comunicação partem do pressuposto de que existe um leitor-padrão, um modelo sem variações, normalmente subestimado em sua inteligência e capacidade crítica. Não são consideradas as mediações, as múltiplas formas de comunicação dentro de uma organização, as leituras do cotidiano, as ressignificações que permitem ao trabalhador uma análise de desempenho baseada em indicadores informais, como seu ritmo de trabalho, número de horas extras, matérias publicadas na grande imprensa, férias antecipadas ou adiadas, troca de informações entre colegas e uma série de outros instrumentos que incluem o silêncio de parte da companhia.

Os indivíduos tendem, sempre, a integrar grupos de referência ao considerar o lugar que ocupam na organização, e os diversos grupos estabelecem alianças entre si. A chave está em olhar para a recepção como um foco múltiplo de culturas e valores, um conjunto heterogêneo de grupos que se articulam e rearticulam permanentemente, sujeitos a um sem-número de mediações, e não como uma massa homogênea. Antes de imprimir sua marca na recepção, a organização deve conhecer as competências de leitura dessa recepção para, assim, restringir e direcionar as possibilidades de interpretação ou pontos de fuga.

> Após o domínio dos códigos de seus públicos, as organizações, estrategicamente, constroem e põem em circulação mensagens que contemplam, de forma verossimilhante, os padrões, valores e crenças dos públicos. Esses, ao reconhecerem-se em tais construções, tendem a representar as organizações, não como força em relação (na perspectiva das afirmações de Foucault, o outro polo no processo de disputa) e, sim, como sendo componentes da mesma força. À medida que se aliviam as tensões, potencializa-se o processo de identificação entre as forças relacionais rumo ao idêntico, à figura do Mesmo. (Baldissera. 2001, s.p.)

Outro aspecto importante em um jornal organizacional é citado na entrevista com B, quando entra em discussão a falta que os leitores sentem da matéria que destaca determinado funcionário.

"Outra coisa seria incrementar, tipo assim, fazer um joguinho, ou até mesmo um brinde, se tu acertasse tal coisa, ganharia um brinde, como já aconteceu no passado." Tal declaração mostra a importância do jornal da organização não só como canal de informação, mas também como instrumento de lazer, remetendo à Hipótese dos Usos e das Gratificações, segundo a qual

> o efeito da comunicação de massa é entendido como consequência das satisfações às necessidades experimentadas pelo receptor: os *mass* mídia são eficazes se e na medida em que o receptor lhes atribui tal eficácia, baseando-se precisamente na satisfação das necessidades. Por outras palavras, a influência das comunicações de massa permanecerá incompreensível se não se considerar a sua importância relativamente aos critérios de experiência e aos contextos situacionais do público: as mensagens são captadas, interpretadas e adaptadas ao contexto subjetivo das experiências, conhecimentos e motivações. (Wolf, 1987, p. 61, grifo do autor)

Fica evidente que não há sintonia entre o que a recepção espera de um jornal organizacional e o que a organização produz de fato, baseada no sentimento empírico de um grupo intermediário entre a alta coordenação e a produção (trabalhadores ligados diretamente a essa área) que, no caso dos jornais analisados, representa a grande massa de leitores. Pode-se garantir que o problema da distância entre produção e recepção estaria quase solucionado com a aplicação sistemática de pesquisas qualitativas.

Multiplicação de canais

O desenvolvimento de matérias para o jornal gera, também, outros canais de comunicação. Um deles é o mural. Um dos entrevistados diz: "Do mural que D troca, me traz vários artigos que eu aproveito para as minhas escolas, porque o material sai da internet e são coisas bem recentes". Vê-se que a comunicação passa dos portões da fábrica e estabelece uma corrente que se estende para o ambiente onde ela está inserida. Assim como se vê, também, a competência do leitor em lidar com múltiplos meios de comunicação.

Teoricamente, todos têm acesso ao mural, mas na verdade poucas pessoas o aproveitam: "Poucas pessoas param pra olhar". Nas duas organizações fica claro que o mural não substitui, mas cobre uma lacuna e complementa o jornal que tem, indiscutivelmente, força muito maior como meio de comunicação.

Em muitos casos, o jornal organizacional é fonte de pesquisa para crianças na escola, principalmente quando se trata de pautas não relacionadas ao dia a dia da companhia, sobre saúde, economia, meio ambiente etc. Em outros casos, é uma das poucas fontes de informação dos sindicatos. Nesse sentido, as organizações deveriam refletir mais sobre como seus jornais são capazes de construir a sua imagem perante a opinião pública. Com seriedade e dados concretos, as pautas certamente renderão maior respeito que a elaboração de um jornal sem reais informações, como acontece na maioria das vezes.

O jornal da organização motiva formas paralelas de comunicação interna, pautada em diálogos e discussões. Segundo a entrevista de

A, "eles conversam entre si sobre determinados assuntos para saber se é assim mesmo". Além disso, nas reuniões do setor, "se o assunto no jornal não fica esclarecido, a gente tira as dúvidas".

> "Recebo o jornal na organização, geralmente eu dou uma folheada; aquela notícia que me chama a atenção eu leio no ônibus e o restante eu leio em casa. Sempre comento com alguém. Comento com os vizinhos alguma coisa, que nem estes aqui [H aponta uma casa geminada à sua], têm familiares que trabalham na organização e, às vezes, os filhos não trazem para os pais, ou porque são casados, ou moram em outra rua, em outro bairro. Às vezes as mães comentam: 'Meu filho falou sobre tal matéria que saiu no jornal'. Aí eu digo que tenho em casa, então a gente acaba conversando sobre o assunto."

A entrevista com H confirma que o jornal sempre gera outras formas de comunicação.

> "A partir do momento em que as pessoas leem, independente de elas concordarem ou não, isto gera exatamente esta discussão e esta informação. Eu leio um artigo e digo: 'Olha, eu não concordo porque eu já li em outra revista, que funciona assim e eu acho que este não está bem colocado, não está bem adequado'. Ou: 'Puxa, está excelente esta reportagem, muito boa, bem enquadrada, muito bem redigida', coisas desse tipo. Inclusive até coisas de estrutura, de linguística, a escrita do jornal, nesse caso a leitura é muito fácil, se faz entender muito bem, não se utiliza de palavras bonitas, lindas para que ninguém possa entender. Nesse sentido, o jornal é muito bom."

Como vários dos outros entrevistados, F acha que o jornal gera discussões, diálogos e outras formas de comunicação:

> "Principalmente quando aborda um setor específico. Imagina quando chega aquele setor que é destaque e que aparece todo mundo na foto eu creio que isto seja uma coisa muito forte. Quando acontece, todos comentam."

O entrevistado E, por sua vez, confirma esse aspecto:

"Logo que entrei, se acontecesse alguma coisa engraçada com alguém, aí tu podia ligar para as gurias para divulgar. Até uma vez aconteceu uma coisa muito engraçada com um colega nosso: ele era estagiário e aí tinha que ir em tal lugar não sei que horário, e ele não conhecia o diretor da organização. Daí ele chegou e disse: 'Ô, cara! Tu não podia me dar uma carona?' Aí ele começou a falar da organização, depois no final o cara disse: 'É! Eu sou o diretor da organização'. Esse tipo de coisa engraçada acontecia e era divulgada. Todo mundo ria, achava superengraçado."

Essa fala mostra a importância do jornal interno como espaço de destaque social e valorização do funcionário. "Quando aparece uma colega no informativo, eu corro lá e vou olhar. E isso corre pela fábrica. Eles comentam assim: 'Agora, eu não sei por que eles tiraram a entrevista com funcionários'". Como a maioria dos entrevistados, E evidencia também a importância dos aniversários e confirma o papel de espaço social para os funcionários:

"Eles gostariam que fosse mensal pra ter mais atualidade nas notícias, porque o que mais eles reclamam é sobre isso e o que a equipe de comunicação traz pra nós é que eles gostariam que saísse o tal dos aniversariantes todos os meses no jornal."

Além disso, E destaca notícias da organização, "tipo assim, as mudanças que acontecem", e classifica o jornal como interessante.

"Eu acho o jornal muito bom, porque muitas vezes eles colocam a informação nos murais, mas como a gente trabalha numa área de produção tem aquele trabalho certinho, tu não circula muito pela organização, até porque nem pode ficar passeando. Então, às vezes, a gente nem olha no mural, e o jornal tu traz pra casa, olha com tranquilidade. E acharia 'bem interessante se tivesse uma página no informativo que fugisse um pouco dos assuntos da organização, notícias sobre a situação do Brasil, coisas sobre alguns lugares, como aparece na *Veja* falando sobre a Amazônia, acho até que seria importante'."

Diz, ainda, pensar:

> "Que eles gostavam, principalmente quando uma vez eles pegavam um setor, que nem no caso do meu que é o [...] e mostravam uma página falando um pouco [...], aí eles tiravam uma foto dos funcionários junto do líder e falavam um pouco do que ele fazia. Todo mundo ficava naquela expectativa: 'Tiraram uma foto, eu vou aparecer no jornal', aquela coisa assim. Uma vez também eles escolhiam um funcionário e faziam uma entrevista com ele e tinha uma página no jornal que só falava daquele funcionário."

E costuma ler a revista *Veja* que uma amiga empresta depois de ler. No entanto, fica claro nas entrevistas que a maioria dos leitores tem no jornal organizacional sua fonte única de leitura. Outro aspecto importante é que, em muitos casos, um só exemplar é lido por diversas pessoas.

O entrevistado H acha o jornal de sua organização muito interessante:

> "Algumas vezes eu via algo de muito interessante no jornal e cheguei a mandar pra casa para que eles ficassem conhecendo a organização. Por exemplo: a organização ganhou o prêmio [...], eu mandava e até fazia alguns comentários. Quando eu saí também no jornal [jornal diário local], também mandei. Quando participei na parte dos talentos do nosso jornal, mandei pra casa reportagens em que eu saí e também reportagens que achava interessante para que a minha família conhecesse um pouco mais sobre a organização. E é tanto que quando a minha irmã e uma amiga dela vieram aqui, no começo do ano, ela fez questão de ir conhecer a organização. Ela dizia assim: 'Ah! Vir aqui e não conhecer a organização então não adiantou a viagem'. Também isso existe em função de eu mandar o jornal e fazer alguns comentários da organização, então neste ponto é uma contribuição magnífica o jornal. Quando saí no jornal como [...] as pessoas vinham falar comigo e diziam: 'Ah! Eu não sabia que tu [...]'. Então olha a repercussão que o jornal neste sentido alcança, inclusive até pessoas fora da fábrica que têm parentes que trabalham lá chegavam e diziam: 'Eu te vi no jornalzinho'. Até uma amiga minha de faculdade, ela tava fazendo um

trabalho com os alunos dela. Primeiro ela viu a matéria do jornal sobre qualidade de vida e um menino, acho que o pai dele trabalhava na organização, levou material. Ela me disse: 'Eu te vi duas vezes no jornal, primeiro no jornal [da cidade] e depois no jornal da organização'."

É importante sublinhar que, ao longo de toda a fala acima, o entrevistado coloca no mesmo patamar o jornal de sua organização e um jornal local diário filiado a um grande grupo de comunicação, com mais de cinquenta anos de existência. É muito importante, também, frisar que o jornal, nesse caso, é um "espelho" para o leitor, que se vê refletido nele e vê valorizados os seus talentos e atributos pessoais.

Espaço de discussão

O entrevistado E confirma que o jornal forma uma cadeia de comunicação entre as pessoas: "Lá na firma eu faço parte do grupo de CCQ. Quando sai uma matéria no jornal sobre o CCQ, a gente discute: 'Olha saiu uma matéria no informativo sobre CCQ, o que tu achou, o que deveria mudar?'."

O jornal serve como instrumento de divulgação e forma de incentivo para outras pessoas que não participam do CCQ.

> "As pessoas querem participar e porque veem através do informativo que o grupo vencedor se destacou. A gente comenta sobre aquele assunto que mais interessa, eu não vou dizer pra ti que eu olho o jornal de cabo a rabo. Às vezes eu até dou uma passada nos outros assuntos do informativo, que nem muitas vezes a gente não tinha muito conhecimento do *Kaizen*, aí saía no informativo, a gente olhava e comentava: 'Ah! será que vai ter o *Kaizen* porque a gente vai pra rua?' Até você entendê o que é uma coisa ou o que é a outra, então a gente olha e comenta. Muitas matérias às vezes do jornal chega a gerar suspeita."

Aqui se percebe nitidamente que, em alguns casos, o objetivo da organização com o jornal acontece de maneira exatamente inversa ao proposto. A ideia era esclarecer, informar e educar o leitor para determinada prática, mas na verdade, houve o temor da demissão. Em alguns casos, o boicote reside aí. Com medo que determinada ferramenta de trabalho venha em prejuízo de sua estabilidade, o trabalhador a boicota, resiste a seu emprego. Na maioria dos casos, as organizações falam em adequação de linguagem referindo-se à adoção de um vocabulário e formas de expressão redutores quando, na verdade, o problema está no lugar de onde saiu aquela fala (de cima para baixo).

"Então a gente comenta muita coisa. Depende do tipo de linguagem que eles usam, a gente tem mais dificuldade de entender certas coisas, né. Às vezes tu não sabe o que significa uma palavra, aí eu interpreto de uma maneira, já a minha colega do lado interpreta de outra, e assim vai. A gente não entende direito, vai lá, comenta uma coisa. Acontece de determinada matéria gerar medo e pode acontecer também de repente de algumas pessoas entenderem correto e outras pessoas não entenderam, aí a outra pessoa vai explicar: 'Ah! Não tá sabendo? Não é assim, não, é assado'. Aí já contam pro líder, aí sim o líder vem e explica da maneira que tem que ser explicado. Aí normalmente a gente fala com o líder em alguma reunião."

O trecho destacado mostra exatamente que o problema da incompreensão do vocabulário é resolvido com relativa facilidade.

A entrevista com D, como as entrevistas com A e com C, mostra que o jornal gera outro tipo de comunicação, como discussão das matérias, conversas paralelas.

"Isso só por causa da periodicidade trimestral, porque na participação [de lucros] os cálculos saem mensalmente, então eles usam mais no mural, aí sim quando eles veem no mural eles comentam, e no jornal quando a notícia sai já tá mais fria."

O entrevistado G confirma:

"Uma coisa que saiu recente que a gente comentou bastante foi que o presidente veio no restaurante muito satisfeito agradecer nós, que a produtividade passou de 60%, coisa que nunca tinha passado, que eles tinham batido o recorde. Ele falou tudo aquilo, né. Quando chegou na participação dos lucros, não veio aquilo que se esperava. Então o pessoal fez uma fantasia na cabeça. Se a organização produziu tanto, como que não teve lucro, se a firma teve lucros, como que nós não tivemos a participação esperada, saiu no jornal tudo que o presidente falou."

O leitor do jornal da organização está permanentemente atento às informações e cruza os dados que recebe nas falas oficiais, no jornal mural, nas cartilhas e no jornal interno.

> "A comunicação lá na organização é só de amigo para amigo, no boca-a-boca, mas meio com medo. – Antigamente não se podia falar nada que reprimiam: era feita reunião, era chamado lá em cima pra falar em particular: 'Porque tu falou isso, porque tu falou aquilo'. E agora não, os supervisores já têm uma mente bem mais aberta." (Entrevistado I)

É importante ressaltar esse "lá em cima", que denota tanto o espaço físico que ocupavam os encarregados de vigiar a produção (um casulo suspenso onde tinham uma visão geral e estratégica da fábrica) quanto a posição na pirâmide de autoridade da organização. Hoje os casulos ainda existem, embora não sejam mais usados com o mesmo sentido, mas o "lá em cima" incorporou-se à fala das pessoas para traduzir posição hierárquica e poder dentro das fábricas.

Eles costumam conversar bastante no vestiário:

> "Olha, tu tá vendo aquela mulher lá? É cunhada do fulano. Mas como não tinha mais vaga? Eu pedi pro meu filho, pedi pra minha filha e não tinha vaga e como que agora vai entrar uma? Às vezes as mulheres se informam pra colocar as filhas lá e não conseguem, porque de repente tá entrando uma e quando se vai vê é parente de algum supervisor."

O lugar para a conversa apontado por G é o mesmo apontado em outra entrevista.

A recepção é crítica

Para D, em algumas matérias, o leitor sente que está escrito o que a companhia deseja que ele pense que é, pintando uma organização diferente da realidade diária.

"Em algumas matérias penso que é assim, mas o leitor percebe isso em muitos casos. Tipo, em algumas matérias sobre participação dos resultados, algumas matérias sobre benefícios, algumas coisas assim, eles pintam que tudo é ótimo, que a organização tem isso, tem aquilo, e eu sinto isso e até o pensamento da gente do setor é assim. E pessoas de outros setores também se manifestam, comentam isso."

D conta que:

"Eles falam, falam sim. Inclusive a equipe de comunicação tem bastante gente crítica mesmo. Às vezes saem até algumas críticas sem fundamento, sem embasamento, mas saem. Se tivessem mais embasamento, as coisas mudariam."

A entrevista com A garante que a grande maioria gosta muito do jornal da organização. "Se ele parasse, as pessoas iam reclamar." O entrevistado fala também dos críticos: "Sempre tem aqueles que reclamam de tudo. Mas, vamos supor, se a firma aqui não tem jornal, é mais fácil esconder tudo. Se tem a informação, depois se vai a fundo". Ao se considerar a postura adotada pelo entrevistado, a afirmação mostra que os leitores são críticos e atentos, produzindo leituras diversas sobre os diversos assuntos.

O entrevistado G diz que o jornal é bom porque vem bem "declarado".

"Ele vem, tipo assim, tem uma promoção lá na loja, eles já põem no jornal. Se os funcionários são promovidos de cargo, sai no jornal, e antes não saía nada disso. Se um diretor ia viajar, o que ele achou da viagem, como que foi, o que ele achou daquele país, daquela cidade, sai no jornal também a experiência que eles trazem de lá. Bem que o jornal podia ser usado também para dar espaço para o funcionário falar. Pode ser até por um funcionário que poderia dar uma entrevista dizendo que não tá gostando do gerente da área, que [o qual] não se entrosa com os funcionários, que nem sabe quem são os funcionários da área, isso aí é coisa de um gerente fazer? Não é, não! Então daí fica só o supervisor e nós. Não tem aquela liberdade de falar com o coordenador, às vezes o coordenador dá uma ordem pro supervisor, o supervisor vem lá e dá a ordem pra gente."

Demonstrando conhecimento, mesmo que empírico, de como devem se estabelecer as relações, G continua:

"Não é assim que tem que ser, mas a gente acaba fazendo porque foi ele que deu a ordem, né. Então, se eles fosse mais aberto, a gente podia dizer: 'Olha, se tu fizesse diferente, seria melhor até pra nós trabalhar'. Eu acho, pessoalmente [G], que como agora nós estamos passando uma crise de pouco serviço, não chega a ser uma crise que nem nas outras organizações, mas tá com pouco serviço, dando férias, e não é esclarecido se é por causa do dissídio, é por causa desse apagão lá pra cima, por falta de matéria-prima... É explicado por cima pelo supervisor, mas devia sair no jornal, sim, devia porque tem gente afastada da firma, gente afastada mas que recebe o jornal, gente afastada que tem um irmão, tem um primo, tem um vizinho que leva o jornal. Deviam explicar pra nós o porquê das férias."

Isso mostra a credibilidade das informações veiculadas pelo jornal. G frisa que não existe, dentro da organização, outro veículo para informar os funcionários com a eficácia e a eficiência do jornal.

Presença das mediações

Num momento em que a tônica é a globalização e a tecnologia leva tudo a todos os lugares instantaneamente, a mediação assume um papel de fundamental importância na sociedade, cujo desenho

> [...] potencializa a fragmentação e o descentramento do sujeito. Uma forte influência para a emergência, mais tranquila, dessa pluralidade de identidades provisórias, variáveis é a materialização de dada tendência que tem implicado a desarticulação das hierarquias culturais, isto é, todas as culturas tendem a assumir-se como importantes, como portadoras de valor. Portanto, não inferiores às demais, apenas diferentes. Não se quer, com isso, afirmar a existência da total equidade valorativa entre culturas (o que seria ingênuo), mas a tonificação da capacidade de as culturas negociarem e digerirem as tensões provenientes de seus relacionamentos. (Baldissera, 2001, s.p.)

Portanto, a cultura organizacional não é uma identidade fechada, impermeável. Ela é, sim, resultado da negociação, ora mais, ora menos tensa, entre a organização, seus públicos e o meio onde está. Mesmo que se considerem, metaforicamente, dois polos, o da cultura da organização e o da cultura de seus empregados, e mesmo que o polo da organização seja o dominante dentro de seu espaço, há um imbricamento de valores, um tênue apagamento de fronteiras estimulado por múltiplas mediações. A organização tem, para o trabalhador, um papel de mediadora ao modificar ou influenciar seus hábitos, já o trabalhador é um mediador ao "colar" na organização algumas de suas perspectivas, valores e significações.

É impossível desconsiderar que, ao mesmo tempo que recebe e lê o jornal da organização, um trabalhador conversa com seus colegas, participa de reuniões de sindicato, discute problemas com sua família, sente maior ou menor dificuldade de gerir sua vida econômica e social, ouve o rádio, assiste à televisão, lê jornais e revistas, enfim, está inserido, num primeiro momento, em uma esfera mais ampla que a da organização e, num segundo momento, em esferas diversas, que se tocam e geram novos espaços intermediários, pois os indivíduos assumem, no tempo e no espaço, diversos papéis. Assim, as organizações abrigam uma trama de relações sociais, políticas, econômicas e culturais com indivíduos provenientes de múltiplos grupos.

É muito difícil, portanto, que um jornal organizacional repasse efetivamente ao trabalhador uma cultura "cristalina da organização", porque, em primeiro lugar, não se pode acreditar que ela exista e, em segundo lugar, a cultura da organização passa irrefutavelmente pela cultura do trabalhador, do cliente, do mercado, do fornecedor. Na verdade, um jornal organizacional deve espelhar essa "bolsa intermediária", resultado da simbiose entre as "duas" culturas. Somente aí a recepção vai ceder a um processo de identificação, não sem tensionamento, num processo dialético de aceitação.

Os processos burocráticos ou estratégicos de gestão organizacional traçam rotinas determinadas e fixas, apresentando dificuldade em admitir que o cotidiano das organizações é um verdadeiro campo minado, espaço repleto de conflitos de personalidade e interesses, transferências e jogos. Características desse tipo de gestão, como segredos, formalismos, rigidez hierárquica, reforçam os aspectos patológicos da organização. Processos participativos de gestão e comunicação parecem ser a única forma para as organizações purgarem seus "males".

A organização precisa ter "escuta"

Quando foram criados cânones para a redação jornalística, a questão não era se o leitor saberia reproduzi-los ou identificá-los, em sua forma cristalina ou mista. Para ler um jornal, a recepção não precisa ser jornalista, tampouco dominar as regras do "bem-fazer" jornalístico.

Cabe ao jornalista, esse sim, dominar suas funções, tanto no papel de repórter quanto no de editor ou redator. À recepção, de modo geral, cabe ler, interpretar, compreender e acatar, ou não, o que leu.

Evidentemente, uma parte dessa recepção terá capacidade crítica e entendimento amplo sobre o que é um texto bem ou mal produzido, uma cobertura bem ou malfeita:

- ter objetividade;
- redigir com frases curtas e na ordem direta;

- usar frases sempre afirmativas, ou seja, evitar negações;
- buscar sempre o sentido denotativo das palavras;
- dispensar rebuscamentos, exibicionismos e pedantismo com o uso de conceitos e palavras de difícil compreensão;
- evitar verbos compostos, passivos e gerúndios;
- ser o mais preciso possível nas informações, evitando adjetivação desnecessária;
- evitar erros de ortografia e construção;
- adequar ao máximo o texto ao público a que se destina;
- criar tensionamento no texto, de forma a apreender o leitor;
- imprimir ao texto ritmo e melodia, o que se obtém, muitas vezes, deixando de lado o comportamento linear e cronológico.

Essas são algumas regras básicas da redação jornalística, como o são, também, no que diz respeito à objetividade e ética, o cuidado com a veracidade das informações e a busca de várias fontes, o que exige a averiguação de sua idoneidade.

Cabe ao jornalista cumprir todos os procedimentos descritos, e não ao público investigar. Até porque, o exemplo é a grande massa de leitores de uma fábrica, existe uma maioria que, com certeza, não terá as condições necessárias para verificar se os requisitos foram, ou não, cumpridos.

Por que, pois, estabelecer esse nível de exigência? Qual a vantagem de produzir bons textos e de fazer um bom jornalismo para uma massa quase toda acrítica e desinformada sobre o que seja, de fato, um bom texto?

Quanto maior a qualidade, clareza, concisão, mais precisa a taxa de informação que se consegue passar ao leitor; quanto mais precisa a taxa de informação divulgada, menor a possibilidade de pontos de fuga e construção de sentidos diferentes dos pretendidos pela organização, ou seja, a circularidade da informação. Como esclarece Gomis (1991, p. 101), "toda notícia traz sempre algo enigmático e ambíguo. Pode sempre ter dois, três e mesmo mais significados".

Por experiência profissional na produção de jornais organizacionais, percebeu-se que a grande massa de leitores que se quer atingir atribui à sua falta de formação e informação o fato de não compreender determinado texto, vocábulo ou informação. Busca esclarecimento nos colegas e supervisores quando não entende algum aspecto que julga ser de seu interesse.

Já os segmentos intermediários e superiores tecem críticas ferrenhas aos textos, apontam falhas inexistentes; além disso, interferem de maneira grosseira nas estruturas frasais e, invariavelmente, "preocupam-se" com o vocabulário que, segundo eles, os trabalhadores do piso de fábrica não compreenderão. Essas afirmações não são gratuitas nem empíricas. Baseiam-se em diálogos, entrevistas aplicadas e comentários em reuniões de conselhos editoriais de diversas organizações. No que diz respeito aos jornais em questão, podem-se destacar algumas falas que confirmam esse diagnóstico.

O entrevistado G, em sua entrevista – e com sua gramática –, mostra que o fazer jornalístico do **Jornal B** melhorou: "É bom porque ele mudou bastante. Veio mais declarado [...]. Antes ele era mais simples, né? Não tinha esse acesso a quem vai viajar, como viu esta viagem, o que aconteceu".

Ou então: "[...] Da organização, é o que a gente se interessa mais".

O entrevistado E salienta como o enfoque é dado a cada parte do jornal: "O pessoal comentou bastante que as fotos que saiu no último jornalzinho foi muito repetida, saiu em duas ou três páginas as mesmas pessoas".

Na avaliação crítica aos Jornais A e B, é notável a falta de critério de seleção das notícias. Com a simplicidade que caracteriza o trabalhador de "piso de fábrica", G mostra isso: "Quem sempre sai no jornalzinho é o pessoal do treinamento".

Em contrapartida, como integrante do conselho editorial, parece coerente ressaltar que, quer tivessem destaque ou não, todas as áreas representadas no conselho deveriam ser contempladas com matérias (no caso do **Jornal B**). Daí a afirmação de que o conselho editorial não funcionava como tal, da mesma forma que segundo nossa pesquisa, não funcionava o conselho editorial do **Jornal A**, mas funciona, como evidenciou a entrevista de Marilda Varejão (redatora-chefe), o do jornal da Editora Abril.

Os entrevistados em nossa pesquisa apontam aspectos importantes: o jornal é da organização e é sobre ela que mais lhes interessa saber. Mas eles não perdem o critério de notícia. Sobre isso, G afirma:

> "Agora nós estamos passando uma crise de pouco serviço. Não chega a ser uma crise que nem outras organizações, mas tá com pouco serviço, dando férias, e não é esclarecido se é por causa do dissídio, desse apagão lá pra cima, por falta de matéria-prima. É explicado por cima pelo supervisor, mas devia sair no [nome do jornal], porque tem gente afastada da firma, gente afastada mas que recebe o [...], gente afastada que tem um primo, tem um vizinho que leva o [nome do jornal]. Deviam explicar para nós o porquê das férias."

Já o entrevistado H ressalva: "Acho que algumas coisas são superficiais. Eu acho que deveria aprofundar, buscar de onde realmente veio, não apenas colocar uma frase ou duas, três linhas e parar por aí".

O entrevistado coloca em xeque dois aspectos do jornal de sua organização: a ausência do jornalismo interpretativo e a deficiência das fontes, como já se discutiu. A crítica segue: "É sobre a organização que nós queremos saber [criticando o excesso de matérias sobre esporte]. Eu acredito que uma das intenções do jornal também é essa, é você poder fazer com que quem está lendo tenha prazer em ler".

O entrevistado H, como outros, esclarece o papel que ele entende ser do jornal. Explica que o **Jornal B** gera discussões e outras formas de comunicação, e ressalta: "Até coisas de estrutura, de linguística, a escrita do [...], se faz entender muito bem, não se utiliza de palavras bonitas, lindas, para que ninguém possa entender. Nesse sentido o jornal é muito bom". Vê-se, portanto, que o leitor constrói uma competência jornalística que permite a decodificação das mensagens e o vínculo com o jornal.

Na entrevista com F vê-se, mais uma vez, uma grande falta de sintonia de parte do grupo intermediário entre a organização como instituição e a recepção. F afirma: "A única ressalva que faria no jornal diz respeito à linguagem, que precisaria sofrer alguns ajustes". Os ajustes se referem à necessidade de simplificação. É preciso que essas pessoas percebam que um processo de comunicação alimentado esporadicamente tende à entropia. A comunicação se dá por meio de conexões, e essas formam ambientes sistêmicos.

Reproduzir num jornal organizacional somente a gramática do trabalhador, da recepção, é redutor e tende a matar, truncar o processo de comunicação. É negar às classes populares a competência para o aprendizado e o crescimento. O leitor busca ampliar sua gramática, seu dicionário, e o jornal da organização vai servir de instrumento para isso, desde que o faça de fato.

Assim, o processo de comunicação precisa oferecer circularidade, ou seja: o uso da gramática, dos valores, dos bens culturais, dos conteúdos e das significações do trabalhador vai alimentar o sistema de comunicação da organização, que deve ser renovado permanentemente na mesma medida em que se renovam a gramática, os valores, os bens culturais, os conteúdos e as significações do trabalhador (recepção). Deve-se ressaltar, ainda, outro aspecto importante: ninguém se dispõe a ler um jornal se souber, por antecipação, tudo que ele registrou.

A novidade é fundamental no jornal organizacional tanto em termos de pauta quanto de abordagem e linguagem escrita. Veja-se, por exemplo, o senso apurado de crítica do leitor H: "Não existe a organização perfeita, mas eu acho que querem passar perfeição demais em algumas coisas e não é bem assim. Então não precisa tanto alarde, tanta fantasia em tantas coisas". Completa: "Tem coisas que nem algumas matérias que eles [os trabalhadores] falam: 'Não sei por que publicar esse tipo de coisa'. Brincando ou não, eles falam que é só para encher linguiça, só para que o jornal tenha mais páginas".

Enquanto a recepção faz uma crítica severa no que diz respeito à pauta, a própria produção mostra um contrassenso: "Ele é o principal veículo da organização. Ele é a ferramenta mais forte que a [nome da organização] tem para falar com seus funcionários".

Imediatamente: "Na verdade eu não tenho tanto tempo para ficar com o [**Jornal B**] em função das outras coisas que tenho lá, mas eu acho que ele é muito importante. A gente percebe na leitura no dia em que ele é distribuído, no ônibus as pessoas vão lendo".

Se no discurso as organizações valorizam a comunicação e informação, na prática há o desrespeito ao veículo como instrumento. Percebe-se que a recepção tem capacidade para falar sobre comunicação e jornalismo, enquanto as organizações não dão ouvidos a isso.

Uma das falas da coordenação de produção do **Jornal A**, ao evidenciar mais uma deficiência ligada ao aspecto jornalístico, reforça o que já foi dito:

> "CCQ, qualidade, *Kaizen*, aparecem mais e às vezes alguns tópicos do [clube dos funcionários] não aparecem tanto, porque eles não têm um jornal próprio e, às vezes, por orientação superior, é mais importante colocar isso aqui do que aquilo ali, quando na verdade a gente sabe que o funcionário gostaria mais daquela informação do que dessa aqui."

A fala de D complementa:

> Entrevistadora: "Não existe interesse da organização?"
> D: "É isso aí."
> Entrevistadora: "Em ordenar a comunicação?"
> D: "Não existe interesse, e realmente eu acho que ela não está ordenada. Eles acham que se fez o [Jornal A], fez. Se não fez... até por isso que ele não tem uma periodicidade definida. Se for bimestral, é bimestral. O [Jornal A] é um reflexo da política de comunicação da [nome da organização]."

H, que lê os jornais locais e *Zero Hora* (RS), e a revista *Veja*, vê o jornal de sua organização como um trabalho de jornalismo.

> "Principalmente quando se trata de algumas matérias que saem sobre saúde e esportes. Aí eu acho que sim, batem com jornalismo. São coisas

> que até quando eu leio no jornal local ou na *Veja* eu procuro muito saber sobre esses assuntos: saúde, esporte, lazer, acho que informa e faz com que as pessoas da fábrica tenham conhecimento, fiquem informadas."

Ao ser questionado sobre o papel que um jornal organizacional deve ter, H não hesita: "Eu acho que é o compromisso com a verdade, a informação correta". E reforça: "Não adianta vinte itens e de repente tu lê quatro, cinco linhas de cada coisa e não informou".

Pela falta de escuta, as organizações não percebem que o trabalhador está sujeito a várias mediações e que conhecimentos, dados e informações circulam. Uns se apropriam dos valores dos outros, conversam, discutem. "Eu leio sobre um artigo e digo: 'Eu não concordo. Já li sobre isso em outra revista e não é bem assim. Acho que está mal colocado' [...] ou: 'Puxa, está excelente essa reportagem'."

I, em sua entrevista, mostra como a recepção sabe o que é jornalismo e o que ela espera da produção.

> "Olha, tinha que colocar como a organização tá fazendo, onde ela está adquirindo as suas matérias-primas, os seus produtos, tinha que colocar os roteiros aonde se trabalha como na [enumera diversos países]. Acho que eles deveriam passar mais informações. [...] Quantas [identificação do produto] nós vamos fazer lá, então isso iria passar mais informações para o próprio trabalhador. Aquela informação exata das coisas. Não precisa ser necessariamente exata, mas aquela coisa pro trabalhador sentir: olha, o meu produto está indo lá, tanto lá."

Dessa forma, I expressa a necessidade e a importância de os indivíduos demarcarem seu lugar em um mundo globalizado e muito maior que a fábrica ou cidade. Na empresa, a queixa é a mesma, e diz:

> "Eu até acho bem interessante que tivesse uma página no informativo mostrando e que fugisse um pouco dos assuntos da organização, notícias sobre a situação do Brasil, coisas sobre alguns lugares do Brasil, como aparece na *Veja* falando sobre a Amazônia. Acho que seria importante."

Na entrevista com E, lê-se:

> "Eu penso assim: se fosse para colocar o funcionário a par, eles colocariam. Todas essas informações, não só as coisas que eles querem que a gente acredite, mas a gente sabe que tem outras coisas e outras coisas [...] o informativo é o que a organização quer que a gente veja."

Um dos princípios mais importantes da notícia é a atualidade. A observação de D comprova: "Eles gostariam que fosse mensal, porque o que mais eles reclamam é a periodicidade".

C, membro do conselho editorial do [**Jornal A**],em sua entrevista, menciona reportagens mais curtas, quando na verdade se refere a simples registros. Além disso, cita a entrevista com talentos, que, segundo os demais entrevistados, não existe mais, o que é alvo de reclamação geral. Isso mostra o despreparo das pessoas ligadas à produção do jornal, no que diz respeito aos aspectos jornalísticos, e traz a reflexão sobre a pouca atenção que recebe o processo de comunicação da empresa.

Ao olhar para a ampla questão do jornalismo organizacional, é imprescindível destacar alguns aspectos. O primeiro deles refere-se à escuta que as organizações precisam desenvolver para registrar e respeitar as competências do leitor. O segundo é apagar a oposição entre as premissas e as práticas das organizações no que diz respeito às políticas de comunicação, que nos programas são democráticas e ascendentes, mas, no dia a dia, revelam-se descendentes e centralizadoras. Esses dois aspectos são essenciais para que se construa um jornalismo organizacional competente e eficaz.

Outro procedimento fundamental é o jornalista despir-se do preconceito com que encara esse ofício, buscando uma postura profissional, o que só vai acontecer, de fato, quando o lugar do jornalismo organizacional começar a ser ocupado com seriedade por jornalistas, e não sem que antes as organizações comecem a olhar com a importância necessária para os processos de comunicação.

Enquanto o jornalismo organizacional não for examinado pelas organizações com autocrítica, pela academia com cientificidade e pelo mercado com profissionalismo, recebendo o *status* que de fato deve ocupar na comunicação social, permanecerá uma fissura significativa nos sistemas de comunicação das empresas, o que representa um alto risco, considerando-se principalmente que a sociedade contemporânea é a sociedade da informação.

6 DISCURSO GRÁFICO COMO FERRAMENTA DE SIGNIFICAÇÃO[42]

Pensar um jornal organizacional, ou mesmo peças gráficas como fôlderes e cartazes, exige muito mais que a manipulação de *softwares* e o uso das cores da organização, ou mesmo da ideia ingênua e simplista de seduzir o leitor/consumidor com um discurso impactante. É preciso que se olhe para o contexto, para as relações e a subjetividade, resgatando experiências e vivências que as ocasiões apresentam.

Assim, é fundamental, entre outras coisas, a consciência de que a segunda metade do século XX marca uma profunda mudança de postura nos indivíduos e nas sociedades, alavancada por realizações decisivas, que irrompem na ciência, na tecnologia e na arte. Aquele que seria chamado de momento pós-moderno tem sua gênese nas sociedades pós-industriais, baseadas na informação e mediadas pela tecnologia.

Coincide com esse período a definição de um novo modelo político e econômico cujos conceitos-chave são o neoliberalismo e a globalização:

> Para o senso comum, globalização significa abrandamento do papel empresarial do Estado, aumento do poder de interferência dos conglomerados econômicos transnacionais na dinâmica do jogo político e, em tese, a licença para que a circulação de capitais e mercadorias ocorra livremente, num fluxo que desconsidera fronteiras. (Escorel, 2000, p. 32)

Na estrutura social que se compõe principalmente a partir da década de 1970, terá valor e interesse tudo que puder circular como mercadoria rentável. Há, portanto, uma rápida projeção do *marketing*, que se associa a diversas áreas. Os processos comunicacionais passam a ser pensados como "estratégias".

> Com efeito, a cultura, a pesquisa, o ensino e a reflexão crítica contaram com o financiamento do Estado, em qualquer parte, para poder desempenhar sua função de agentes propulsores, comprometidos com os interesses da coletividade. Essa equação se transformou e agora, sob a égide da globalização, nova forma de domínio do centro sobre a periferia, esses mesmos segmentos passaram a fazer sentido e a despertar interesse na estreita medida de sua lucratividade. (Escorel, 2000, p. 89)

A partir do quadro social, político e econômico que se forma nessa época, começa a circular o termo "pós-modernidade", que despertou o interesse de teóricos como Bell, Kristeva, Lyotard, Vattimo, Derrida, Foucault, Habermas, Baudrillard e Jameson, entre outros, que começaram a pensar a época a partir da discussão sobre o pós-modernismo, alimentada, na década de 1960, em Nova York, por jovens escritores, artistas e críticos, como Rauschenberg[43], Fielder, Cage, Burroughs, Barthelme, Hassan e Sontag, para designar um movimento que ia além do alto-modernismo esgotado (Featherstone, 1995, p. 24-30).

Chip, saturação, niilismo, simulacro, hiper-realismo, digital, desconstrução são palavras-chave desse momento. O pós-modernismo desfaz princípios, regras, valores, práticas e realidades. Ele revisita todos os conceitos sem negá-los. Agrega e transforma, como uma usina em permanente trabalho de reciclagem. O resultado é um ecletismo de tendências que convivem pacificamente em uma mistura dos mais variados materiais.

Nesse contexto, o *design* estetiza o cotidiano saturado de objetos, verdadeiras iscas de sedução. A moda e a publicidade erotizam o dia a dia, estimulando desejos de consumo e posse, sistematicamente alimentados por uma sociedade cada vez mais consumista. Nesse sentido, o pós-modernismo é a moeda corrente do capitalismo. Andy Warhol o traduz muito bem em seus trabalhos, uma mistura de arte com propaganda, que consagrou imagens como a *Campbel Soap* ou a caixa de sabão *Brillo*.

O pós-modernismo, como nos mostra Harvey (2002), aponta para um cotidiano banalizado, valoriza a antiarte, a desestetização. O processo vale tanto quanto a obra (ou mais), que perde a exigência da originalidade e dá lugar ao pastiche, à colagem inaugurada pelo cubismodo início do século XX. A arte já não é hermética e elitista, mas de fácil compreensão. Ganha as ruas. A crítica perde espaço, e a participação do público é ampliada, reduzindo a importância do autor e contemplando a coautoria.

Ao contrário do modernismo, o pós-modernismo não ostenta um projeto acabado, nem ambiciona a universalidade, não dá ênfase à totalidade, mas ao multifacetado (metaforizado na esquizofrenia). Ele caminha em direção à ênfase no conhecimento local, na fragmentação, no sincretismo, na alteridade e na diferença. Põe em colapso as hierarquias simbólicas rígidas, rompendo a barreira entre cultura erudita e popular. Atenua os limites entre aparência e realidade. Nesse sentido, há Baudrillard (2000) e seu simulacro. O pensador afirma que a vida contemporânea foi desmontada e reproduzida em um escrupuloso *fac-símile*. A simulação toma a forma de objetos e experiências manufaturados, que tentam ser mais reais do que a própria realidade; segundo Baudrillard, hiper-reais.

Se, de um lado, o "estado" de pós-modernidade acena com a liberdade e com o "tudo pode", de outro, traz angústias e incertezas que abalam profundamente os indivíduos. O modernismo pensou ter encontrado as respostas para os grandes questionamentos do homem. Levou ao desenvolvimento da ciência e da tecnologia, à supervalorização da informação. Dilatou fronteiras, rompeu as barreiras do tempo e do espaço, legando ao homem dúvidas multiplicadas, mais questionamentos:

> O fracasso das aspirações utópicas do modernismo derrubou a crença romântica centrada no homem, que foi o ponto de partida do século XX, deixando em seu lugar um ceticismo que mal conse-

> gue juntar algumas noções de direção ou identidade. Sem um futuro para onde lançar o olhar e com um passado cujas crenças o próprio modernismo desacreditou como ultrapassadas e insuficientes, o que permaneceu depois dos anos 1950 foi um presente carregado de um vazio temporal. (Olalquiaga, 1992, p. 17)

Ainda segundo Olalquiaga (1992, p. 17), o pós-modernismo é a resposta contemporânea possível para um século desgastado pela ascensão e queda das ideologias modernas, pela difusão generalizada do capitalismo e por uma sensação de responsabilidade pessoal e impotência individual. Híbrido, ele acolhe posturas opostas, como as de Lyotard (2000), que defende a ruptura da ordem sistêmica realizada pelo pós-modernismo, como uma força anárquica; e Habermas (2000), que afirma ser essa ruptura uma maneira de esconder ou incentivar formas totalitárias de controle.

Recuperar alguns aspectos do pensamento de Derrida (1994) parece oportuno nesse momento. Para o pensador, a escrita designa não somente os gestos físicos implícitos em inscrições pictográficas ou ideográficas, mas também a totalidade daquilo que a torna possível, ou seja, a cinematografia, a coreografia, a esculturalidade, a musicalidade, a biologia e a cibernética. Todo suporte da *archi-écriture*, segundo ele, estaria já gravado em nosso cérebro. Derrida chama de grama ou traço à linguagem de máquina do cérebro humano. Ele seria o responsável pela alteridade (*différence*) entre os signos e, podemos dizer, dos signos (Cauduro, 2002).

Para Derrida, assim como para Lacan (Dor, 1989), processos inconscientes participam da significação, e o inconsciente existe na forma de sua *archi-écriture* (Derrida, 1994), como um texto gravado na matéria cerebral, que não só precede a fala e a escrita, mas também é o que informa nossas percepções sensoriais e fundamenta nosso pensar e agir. "Mesmo nossa mais aparentemente imediata experiência não é uma reflexão direta do mundo exterior, mas um contato feito com aquilo que já está inscrito, inconscientemente, na memória" (Harland, 1987, p. 144).

Uma vez vinculado à subjetividade, que está, por sua vez, condicionada a aspectos culturais (espaço) e temporais (história), o sentido muda permanentemente. Por consequência é impossível, mesmo para o autor, pretender traduzir o verdadeiro sentido ou significado de qualquer texto ou obra. Da mesma forma, nenhuma comunicação é eficiente. Derrida (1994) sugere, portanto, que tudo que se pode ter são jogos com possibilidades e hipóteses, com suposições fundamentadas e riscos, às vezes calculados, às vezes não. Novas percepções relacionadas a percepções anteriormente gravadas na memória inconsciente promoveriam a intertextualidade entre os signos[44].

Ao contrário da modernidade, a pós-modernidade promove o jogo, o acaso, a desconstrução, a acumulação, a diversificação e, principalmente, reintroduz o sujeito na atribuição de significação às mensagens da comunicação visual, até então estilizadas e "engessadas" por fórmulas estabelecidas na antiga proposta modernista.

O século XX marca dois momentos importantes. Seu início aponta a ruptura com a tradição das belas-artes e, no final, a ruptura é com a tradição criada por ele próprio (o racionalismo). Diversos cânones instituídos nas primeiras décadas do século XX caem por terra com a pós-modernidade, que traz alterações significativas ao *design*, marcadamente a partir da Escola de Basileia, na Suíça, do reduto californiano, a Bay Area, nos Estados Unidos, onde se havia concentrado grande número de *designers* devido à diáspora ocorrida na Europa a partir do fechamento da Bauhaus e com a perseguição nazifascista. A *pop art*, com seu apelo à multiplicação, à cultura de massa e ao consumo, com o atrevimento que lhe permite transformar em arte uma lata de sopa, ao lado da grande evolução do uso de computadores nas artes gráficas (o final da década de 1970 marca a difusão do *Desktop Publishing*), vai marcar a nova fase do *design* gráfico.

É a partir do uso dos computadores Macintosh, os "Mac", com arquitetura centrada no *design* gráfico, que o *design* corta o cordão umbilical, libera-se de limitações, olha para o cubismo e transforma blocos de textos e letras em belas ilustrações; faz explodir a criatividade ao disseminar a criação/redesenho de fontes, ao desafiar as tradicionais grades engessadas, com novas malhas orgânicas e efeitos produzidos por espaços brancos que dão ar às páginas.

Na mesma medida que traz o novo, o inaugural, o verdadeiramente inusitado, o *design* contemporâneo, pós-moderno, parece conter em sua gênese uma dualidade paradoxal: transcende, ao mesmo tempo que continua, o modernismo, pois nada recusa, tudo agrega. Harvey (1989) nos mostra que a sociedade da modernidade quer romper com o velho, enquanto se apoia na crença do ordenamento universal, na visão do projeto acabado, na lógica do início, meio e fim, atualizando a vigência do econômico, do despojado, do funcional (Bauhaus). O pós-moderno vai caracterizar-se pelo "empilhamento", pelo ecletismo, pela diversidade. O momento despreza o individual enquanto contempla o coletivo, o acúmulo, a soma de estilos, de autorias. Tudo é arte, todos são artistas, todos são críticos. Criticar é ter participação na construção dessa obra. O modernismo buscava distanciamento do passado, enquanto o pós-modernismo o revisita, aceita a tradição, potencializa-a e faz combinações entre seus aspectos.

Não há projeto acabado. Há, sim, o contínuo, o instável, o imprevisível: a rede. Ao pensarmos em rede, podemos caminhar em duas direções: na da tessitura permanente e na da teia que prende, segura e provoca um andar labiríntico, daí a tontura, a incerteza, a angústia.

A criação de plataformas gráficas e de programas de editoração e tratamento de imagens, como *QuarkExpress*, *InDesign*, *Photoshop*, *Adobe Ilustrator*, entre outros, para a Web leva os *designers* a possibilidades infinitas. *HTML*, *PHP*, *Authorwear*, *Flash*, *Dreamweaver*, *3D Studio* e uma dezena de outros *softwares* e linguagens de programação ampliam sistematicamente as possibilidades de tratamento e criação de dados e imagens.

Porém, o não limite de criar, e principalmente interpretar, ganha espaço e liberdade, ao passo que o limite da capacidade do corpo humano, apesar das próteses, ainda funciona como barreira. Santaella (1999, p. 33) mostra que o homem criou as máquinas musculares, as máquinas sensoriais e as máquinas cerebrais. Às primeiras coube substituir o esforço muscular. As segundas funcionam como extensões dos sentidos humanos especializados, "[...] quer dizer, extensões do olho e do ouvido de que a câmera fotográfica foi inaugural". As máquinas musculares permitem produzir objetos, enquanto as sensoriais produzem e reproduzem signos para imediatamente lembrar que, com as cerebrais, os computadores, "a própria noção de máquina está sendo substituída por um agenciamento instável e complicado de circuitos, órgãos, aparelhos diversos, camadas de programas, interfaces, cada parte podendo, por sua vez, decompor-se em redes de interfaces". Nesse terceiro nível de relação entre o homem e a máquina, sentidos e cérebro expandem-se para fora do corpo humano, "estendendo seus tentáculos em novas conexões cujas fronteiras estamos longe de poder delimitar" (Santaella, 1999, p. 42).

Sterlac (1999, p. 62) diz que "as tecnologias estão se tornando melhores sistemas de apoio à vida para nossas imagens do que para nossos corpos. Imagens são imortais, corpos são efêmeros. O corpo acha cada vez mais difícil corresponder às expectativas de suas imagens". O que, sob certo aspecto, reforça o princípio enunciado por Max Wertheimer, em 1912 – a Gestalt. Sobre o fenômeno da percepção, ele demonstra que o olho humano tende a agrupar as várias unidades de um campo visual para formar o todo. "Este princípio conceitua a visão como uma experiência criativa, não como um simples ato de ver" (Hurlburt, 1986, p. 136).

Produzindo significação

Na sociedade contemporânea, os aspectos de *design* assumem valor significativo quer se fale em produto, quer se refira a mensagens. O *design* do produto está intimamente ligado ao *marketing*, ao valor de venda/consumo. O *design* gráfico, além de sustentar essa intenção com campanhas publicitárias, passa pela produção simbólica, pela construção do sentido. Mais que vender determinado produto, ele vai "criar", com base nele, uma imagem/verdade e será do *designer* gráfico o papel de construir um discurso que "mostre" um produto harmonioso.

> Nem muito carregado de informação, a ponto de não ser apreendido, nem muito banal, a ponto de se dissolver no meio de outros. Tanto melhor será o designer quanto mais hábil for no ajuste desse traçado, já que a abertura para o novo representa o compromisso com sua intuição e com os direitos do usuário, enquanto um certo grau de redundância, a condição para realizar e transmitir um trabalho. (Escorel, 2000, p. 18)

O *design* gráfico, no Brasil há pouco mais de cinquenta anos, sofreu influências como as do funcionalismo alemão, do racionalismo suíço, do psicodelismo americano, do estilo "casual" californiano, do movimento *punk* inglês, sendo a tendência atual privilegiar soluções não lineares de organização de texto, camuflando a informação principal e despistando o entendimento, mediante excessiva valorização do arbitrário (Escorel, 2000, p. 19).

Ao discurso editorial de qualquer mensagem, associa-se o discurso gráfico para reforçar determinada mensagem e para oferecer ao "leitor" uma mensagem que é complementar/subliminar, ou, muitas vezes, não é percebida conscientemente. Paralelamente, é importante também pontuar a questão da arte como pura criação/deleite estético, em contraponto à arte comprometida com a criação/venda de uma imagem, ideia/conceito/produto, no caso de *design*. Como arte, o *design* gráfico encontra um limite muito claro, ligado à função (arte aplicada). Ele vai usar a criação/criatividade, o gosto estético e a experiência acumulada do *designer*; vai reunir ilustrações, tipografia, fotografias e outros signos verbais e visuais combinando-os para a produção de peças comunicacionais. Munari (1968, p. 92) enfatiza que se pode dividir a mensagem em duas partes:

> [...] uma é a informação transportada pela mensagem, a outra é o suporte visual. O suporte visual é o conjunto de elementos que

> tornam visível a mensagem, todas aquelas partes que devem ser consideradas e aprofundadas para se poderem utilizar com a máxima coerência em relação à informação. São elas: a Textura, a Forma, a Estrutura, o Módulo, o Movimento.

O desenvolvimento do *design* está ligado originalmente ao desenvolvimento industrial e à produção em massa (série), que iniciou a demanda de materiais gráficos como fôlderes, folhetos e panfletos em escala muito superior ao que se começa a ver no final do século XIX, quando artistas como Toulouse-Lautrec dão início ao processo de separação entre a arte pela arte e a arte aplicada[45]. A aplicação de regras para a produção desse tipo de material definiu o que se viria a chamar de *design* gráfico, cujo objetivo é "[...] comunicar através de elementos visuais (letras ou não) uma dada mensagem, para persuadir o observador, guiar sua leitura ou vender um produto" (Villas-Boas, 2001, p. 13).

Pés no chão

A estética dadaísta pagou por seu radicalismo. Se ela for pensada a serviço da arte aplicada, terá causado verdadeiro estrago, pois a decodificação das mensagens exigia alto poder de reflexão, capacidade de relação, crítica e grandes doses de bom humor.

Daí a importância de o *designer* lembrar que uma composição gráfica malfeita pode afastar o leitor, causar ruído na comunicação. Em contrapartida, se for benfeita, ela pode abrir janelas no inconsciente, provocando associações, lembranças e induzindo significações. Assim, a construção gráfica de uma página impressa deve seguir princípios editoriais, como: ordem de leitura das matérias (da esquerda para a direita, de cima para baixo, da mais importante para a de menor peso); respeito às zonas óticas de visualização; facilidade de percepção do conteúdo; rapidez na transmissão da informação; e facilidade na localização de assuntos e na compreensão dos textos.

Nesse sentido, é importante respeitar alguns fatores fundamentais: a visibilidade e a legibilidade, que aqui se chama, também, leiturabilidade. A escolha de determinado *design* de fonte pode levar a uma mancha gráfica harmônica, mas de decodificação lenta ou, pelo menos, mais difícil. Da mesma forma, a seleção de determinada fonte para uma mancha de texto pode gerar uma massa gráfica que comprometa o efeito estético. Assim, o estudo dos índices de leiturabilidade e visibilidade deve buscar um bom índice de correspondência.

Um bom projeto editorial conduz os olhos do leitor, torna a leitura agradável, envolve, seduz. Assim, o respeito a algumas regras básicas qualifica o produto final. Alguém já disse que regras foram criadas para ser desrespeitadas, mas somente quem souber como quebrá-las pode arriscara fazê-lo.

Em um processo de comunicação temos um emissor, um canal (que aqui podemos chamar de *suporte*) e um receptor. O emissor pode ser uma organização; o canal, seu balanço social[46]; e o receptor, a comunidade em que ela está inserida, ou seus investidores (*stakeholders/shareholders* – nesse caso específico não importa o segmento, mas a recepção). Para que o processo de comunicação aconteça de fato, é necessário que o receptor reconheça e decifre os signos da mensagem (código) emitida por aquele canal. Assim, a informação será comunicação somente quando for decifrada. Não se deve esquecer que comunicar é, ao mesmo tempo, disputa de poder e de significação. Assim, produção e recepção são forças em permanente tensão, em uma arena sustentada pelo discurso. É importante, também, perceber que essa disputa não se dá sempre no terreno da racionalidade e da objetividade, assim como pode reunir mais de dois *players*. No caso da comunicação organizacional, e mais especificamente no caso do jornalismo organizacional, como já se expôs, são três os polos em tensão: a organização, a produção e a recepção.

Convém esclarecer, também, que comunicação é todo movimento ou som emitido por um sujeito, partindo do princípio de que o homem vive em relação. Calar, tanto quanto falar, tem um significado.

A comunicação pressupõe exatamente que a atribuição de significação a qualquer mensagem emitida considera a presença do "outro". A comunicação pressupõe, portanto, interpretação, estabelecimento de conclusões e relações entre o dado informado e um repertório anterior de quem recebeu a mensagem.

Assim, em uma organização, é impossível "descolar" os diversos processos de comunicação dos sistemas ou processos de gerenciamento como um todo. O desenho da comunicação será mero reflexo da arquitetura das relações dentro da organização, que, por sua vez, estarão inteiramente relacionadas às questões da arquitetura do poder (Sólio e Baldissera, 2003, p. 173).

Referindo-se especificamente à comunicação organizacional, Fleury e Fischer (1996, p. 24) dizem que ela "[...] constitui um dos elementos essenciais no processo de circulação, transmissão e cristalização do universo simbólico de uma organização". Numa organização, a comunicação será formal ao traduzir de maneira clara, evidente e objetiva as normas, diretrizes, preceitos e valores que constituem/integram o patrimônio cultural da organização, e será informal quando circular nos interstícios da formalidade, agregando valores subjetivos que integrem o imaginário dos sujeitos com ela implicados de algum modo.

Paralelamente ao discurso editorial, uma peça, impressa ou *on-line* (canal/suporte), vai emitir um discurso gráfico que pode, perfeitamente, trazer mensagens complementares, adicionais e mesmo destoantes daquela emitida no discurso editorial. Isso vai acontecer na escolha das cores[47], na posição dos elementos gráficos na página, na forma, intensidade, tensão, harmonia, proporção, organização, no volume, equilíbrio, destaque, contraste e ritmo, que o *designer*/diagramador imprimir a determinado elemento, induzindo a uma interpretação específica (Hurlburt, 1986)[48].

A abordagem desses aspectos técnicos não é o foco central, mas julga-se importante enumerar alguns procedimentos fundantes, entre os vários fatores que influem no processo de compreensão do significado de um material impresso (e mesmo virtual). Entre esses fatores estão as condições físicas e intelectuais do observador, segundo Silva (1985). Não se pode imaginar que um bom discurso gráfico dispense a qualidade do discurso editorial.

Assim, não esqueça:

- O jornal precisa ser rigorosamente planejado e programado no que se refere a linha editorial, pauta e prazo, seguindo essa programação à risca.
- Ele deve ser visto pela direção da empresa como um instrumento de divulgação de sua cultura, e não simplesmente como um "jornalzinho de funcionários". Seu planejamento e sua programação andam à deriva, às vezes no rumo certo, às vezes muito distante dele.
- As empresas precisam convencer-se (e isso diz respeito mais diretamente ao grupo intermediário de que falamos antes) de que é importante estabelecer critérios para a seleção do que divulgar. É perigoso subestimar a capacidade de entendimento do leitor e omitir a discussão de determinados assuntos polêmicos ou ambíguos. Esse pode ser um modo de alimentar o que se costuma chamar de "jornalismo de corredor".

E tem mais:

- Para boa legibilidade, escolha tipos clássicos, testados pelo tempo.
- Evite combinar fontes com aparência muito similar.
- Use caixa-baixa nos títulos, pois texto todo em caixa-alta retarda a leitura.
- Para corpo de texto, use entre 8 e 12, cujos estudos mostram alto índice de leitura.
- Evite usar diferentes corpos e tipos ao mesmo tempo.
- Use *book*, evitando *light* para o corpo de texto.
- Utilize fontes de largura média. Evite as extremamente expandidas ou condensadas.
- Use espaço entrelinhas constante, sem acavalar nem expandir demais.

- Linhas muito curtas ou compridas demais interrompem o processo de leitura.
- Esforce-se para que as terminações de linha sejam rítmicas e use alinhamento à esquerda.
- Evite linhas órfãs ou viúvas.
- Alinhe letras e palavras pela linha de base.
- Não distorça tipos nem atrapalhe a leitura com elementos desnecessários.
- Ao trabalhar com tipo sobre cor, assegure-se da legibilidade, observando o contraste.
- Em colunas estreitas, use corpo menor; nas largas, corpo maior.

Para que haja essa transmissão de mensagens, é necessária uma série de procedimentos, segundo Gruszynski (2000, p. 17):

> O design gráfico é uma atividade que envolve o social, a técnica e também a significação. Consiste em um processo de articulação de signos visuais que têm como objetivo produzir uma mensagem – levando em conta seus aspectos informativos, estéticos e persuasivos (Dobblin, 1980 [sic] – fazendo uso de uma série de procedimentos e ferramentas).

É importante, portanto, ter em mente que tudo que se pode captar por meio do olhar acaba constituindo uma comunicação visual, intencional ou não.

Balanços sociais

No caso da produção de um balanço social, por exemplo, a comunicação visual será intencional e desenvolvida para fazer o leitor captar a mensagem que a organização deseja passar, sem ruído. Cabe ressaltar, também, a sintonia das gramáticas, do emissor e do receptor. Quando se tratar de uma mensagem subliminar, estará muito mais propenso à sua influência aquele receptor cuja gramática e repertório sejam mais amplos, pois o número de registros, lembranças (marcas) e possíveis associações será infinitamente maior que o do indivíduo cujo repertório (e gramática) é menor.

Assim, o apelo visual, de *design*, é muito importante em uma peça gráfica. Traduz aquilo que o indivíduo não registrou como vocabulário (léxico), trabalhando nos níveis inconsciente e subconsciente, num estado designado primeiridade (classificação de Pierce).

Se uma fotografia registra trabalhadores sorridentes, bem arrumados, numa atitude de conforto e descontração, limpos e cercados de céu azul, flores e gramado, a primeira associação não será com o interior da fábrica, onde o cenário é completamente diferente e onde o mesmo trabalhador passará, no mínimo, oito horas diárias, tampouco será com os resíduos que a organização deposita no meio ambiente, mas com um lugar onde "tudo é perfeito". Assim, como a "maquiagem" na fotografia, empresta-se ao cenário uma significação que não lhe pertence.

Pierce fala em objeto dinâmico e objeto imediato, Santaella e Rüdger (2002, p. 15-6) esclarecem com um exemplo:

> [...] Façamos a experiência de comparar a primeira página de dois jornais diferentes em um mesmo dia. O objeto dinâmico dessas duas páginas são presumivelmente os acontecimentos mais quentes de uma conjuntura recente. Como esse objeto dinâmico é apresentado em cada uma das páginas vem a ser o objeto imediato, quer dizer, aquele recorte específico que a página, que é um signo, de cada um dos jornais fez do objeto dinâmico, a conjuntura da realidade. É claro que esse recorte depende de uma série de aspectos, tais como a ideologia do jornal, o que foi decidido na pauta, como merecedor de atenção etc. Mas é o recorte específico que aquele signo faz, com todos os aspectos que ele envolve, que é o objeto imediato, ou seja, o modo como o signo representa ou indica ou, ainda, sugere o objeto dinâmico.

Da mesma forma, o efeito de cor é capaz de fazer milagres com alguns números, que assumirão uma conotação[49] diversa da que teriam se apresentado como em um balanço contábil. "[...] A simples organização de informações por meio de cores pode também transferir significados e valores para cada grupo de informações que àquela cor foi subordinado" (Guimarães, 2003, p. 29).

Qualquer processo de comunicação implica um processo de significação. A circunstância que o envolve é capaz de provocar mudanças na escolha do código, alterando o sentido, a função e a quantidade de informações daquela mensagem.

> A práxis do design gráfico, portanto, revela um duplo caráter: o de mediação de um texto verbal, de signos linguísticos – associado à noção de transparência; e o de coautoria, uma vez que as opções gráficas estabelecidas pela atividade trazem um sentido próprio que influi sobre o leitor. O design gráfico trabalha justamente na conjunção dos signos gráficos e linguísticos. (Gruszynski, 2000, p. 10-1)

No campo da semiótica, o processo de persuasão na linguagem visual pode ser explicado pela relação interativa entre emissor e receptor, por meio dos contratos de leitura. Como já se viu com Fausto Neto (2001, p. 16-7), "contratos de leitura representam uma série de regras estabelecidas na construção das enunciações informativas, onde o emissor cede espaço ao receptor, para que o mesmo tenha o poder de efetivar o consumo da mensagem recebida".

Com isso, o emissor não apenas propõe uma concepção de sentido para seu produto, mas também se abre para as novas perspectivas de interpretação sugeridas pelo receptor.

7 COMUNICAÇÃO PARA TRANSFORMAR O AMBIENTE ORGANIZACIONAL

Se a cultura de massa, delineada a partir da década de 1930 primeiro nos Estados Unidos e, progressivamente, nas sociedades ocidentais, desenha um novo modelo social e modifica as relações dos sujeitos com o consumo/produção, a sociedade contemporânea, principalmente a partir das décadas de 1980 e 1990, com o desenvolvimento da internet e depois com o desenvolvimento de tecnologias baseadas no modelo digital, trata de reconfigurar esse mapa mais uma vez.

Na sociedade contemporânea, o especular assume papel central, apagando a certeza adquirida no estágio do espelho, entre os seis e os dezoito meses de idade, quando a criança percebe que a imagem não é ela, como mostra Lacan ao longo de sua obra.

Como as imagens se descolam dos espelhos, aquele duplo da organização – ideal, perfeito, superior – adquire vida. O mesmo acontece com o sujeito, incapaz de duvidar, decidir, criar, desafiar, de viver sem a organização que, benemérita, o adota.

Nas produções em geral, essa mesma organização assume para o indivíduo a capacidade de sustento; em nível de gestão ela o seduz, introduzindo o indivíduo em um mundo de consumo ao qual, de outra forma, ele não teria acesso. Para que se compreendam os movimentos desse "jogo especular e de sedução", é preciso entender o processo de comunicação na comunidade e, em um recorte mais específico, no ambiente organizacional.

Para Morin (2002a, p. 64), o desenvolvimento da comunicação entre indivíduos pressupõe, irrestritamente: 1. um código/linguagem (químico, gestual, mímico/sonoro); 2. relações interpessoais (inclusive afetivas); 3. estratégias coletivas de ataque ou defesa; 4. transmissão das informações; 5. aquisição dos conhecimentos junto de outrem; 6. procedimentos de confirmação / verificação de dados / acontecimentos. A partir disso, a relação com o outro desenvolve o conhecimento "e a dialética ação / conhecimento torna-se uma dialética ação / conhecimento / comunicação".

"A comunicação constitui um dos elementos essenciais no processo de circulação, transmissão e cristalização do universo simbólico de uma organização" (Fleury e Fischer, 1996, p. 24). Ela será formal ao traduzir – de maneira clara, evidente e objetiva – normas, diretrizes, preceitos e valores que constituam / integrem o patrimônio cultural, e será informal quando circular nos interstícios da formalidade, agregando valores subjetivos que integrem o imaginário dos sujeitos com ela relacionados de alguma forma.

Pensar os processos comunicacionais é pensar o discurso, pois é por meio da linguagem que o sujeito acontece. A articulação da linguagem leva à criação de sentido, nas cadeias significantes estando a possibilidade de gerar múltiplos desses sentidos, pois é indiscutível que "todo sujeito que engaja seu discurso no curto-circuito da falação faz necessariamente ouvir muito mais do que ele crê dizer" (Dor, 1985, p. 154).

Foucault (1986, p. 135-6) descreve a noção de discurso como

> um conjunto de enunciados na medida em que se apoiem na mesma formação discursiva; ele é constituído de um número limitado de enunciados, para os quais podemos definir um número limitado de condições de existência; é, de parte a parte, histórico – fragmento de história, unidade e descontinuidade na própria história, que coloca o problema de seus próprios limites, de seus cortes, de suas transformações, dos modos específicos de sua temporalidade.

Ele mostra o discurso como "um jogo estratégico e polêmico, de ação e reação, pergunta e resposta, dominação e esquiva, luta. [...] Espaço em que saber e poder se articulam" (1974, p. 6). Diz, ainda, que quem fala fala de um lugar reconhecido institucionalmente (autoridade do discurso), portanto faz circular o saber (institucional) e com isso gera poder (da Igreja, por exemplo, ou da ciência). A produção desse discurso gerador de poder é organizada e distribuída por procedimentos cuja função é eliminar todo tipo de ameaça à sua permanência. A "ordem discursiva", própria a um período particular, possui uma função normativa e reguladora e coloca em funcionamento mecanismos de organização do real por meio da produção de saberes, de estratégias e de práticas (Revel, 2000, p. 37).

Uma palavra assume sentidos opostos, dependendo do discurso em que esteja inserida. Bakhtin (1995, p. 32) afirma que [ela] "é a arena privilegiada onde se desenvolve a luta de classes". Portanto, podemos dizer que os diversos discursos materializam-se em "visões de mundo" das diferentes classes sociais com seus interesses antagônicos: são as várias formações ideológicas correspondentes às várias formações discursivas (Brandão, s.d., p. 52). Para Pêcheux (1988, p. 160), "as palavras, expressões, proposições etc. mudam de sentido segundo as posições sustentadas por aqueles que as empregam, o que quer dizer que elas adquirem seu sentido em referência a essas posições, isto é, em referência às formações ideológicas nas quais essas posições se inscrevem".

Queremos, portanto, olhar a linguagem como intenção, destacar que ela pode funcionar como verdadeiro centro de poder. Tudo passa por ela.

Foucault fala em Formação Discursiva, um conjunto de *performances* verbais ligadas no nível dos enunciados. Segundo ele, o que legitima uma frase, uma proposição ou um ato de fala como enunciado é a função enunciativa, ou seja, ser produzido por um sujeito a partir de um lugar institucional, determinado por regras sócio-históricas.

Em geral, não há enunciado livre, neutro e independente. Há sempre um enunciado fazendo parte de uma série ou de um conjunto, desempenhando um papel no meio dos outros, neles se apoiando e deles se distinguindo; ele se integra sempre em um jogo enunciativo (Foucault, 1986).

É preciso observar também que a recepção não é apática. Tampouco a cultura organizacional é uma entidade impermeável. Uma série de mediações rodeia as relações organização/recepção, gerando tensões, conflitos, identificações, aderências. Segundo Gutierrez (1999, p. 50), "um olhar minimamente crítico para o cotidiano das organizações revela um espaço onde imperam conflitos de personalidade, transferências, paranoias, recalques, megalomanias, antecipações de comportamentos; em resumo, uma série de formas mais ou menos agudas de alienação".

Chanlat (1993, p. 39) complementa esse raciocínio ao afirmar que,

> nas relações pessoais, e nas relações inter/intragrupais, os processos de identificação, projeção, idealização, introspecção, transferência contratransferência, projeção, idealização, clivagem e repressão, entre outros, são uma constante. Frequentemente imperceptíveis, eles são base de numerosos problemas, mal-entendidos, quiproquós e conflitos que encontramos nas organizações. Na maioria das vezes inconscientes, eles são os responsáveis pela qualidade da comunicação que se pode estabelecer entre duas ou mais pessoas.

Se acreditamos que essas características não compõem *exclusivamente* a lógica interna das organizações, podem ser agregadas ao ambiente por conta de ações individuais que podem gerar tensão, ansiedade e atritos no grupo, voluntária e conscientemente, ou não. Da mesma forma, um grupo com tais características pode desencadear esse tipo de sintoma no indivíduo. Em um ambiente organizacional com teor de deterioração/desagregação considerável, nenhuma política comunicacional será minimamente fértil.

Deve-se considerar também que, seja por conta do modelo econômico ou do desenvolvimento desenfreado dos processos tecnológicos, as organizações assumem papel de destaque no cotidiano dos sujeitos e absorvem, direta ou indiretamente, parte significativa de seu tempo, sem restringir-se ao aspecto profissional.

A jornada média de um trabalhador representa praticamente um terço de seu dia, e parte do horário restante ele dedica a leituras ligadas ao trabalho e a cursos profissionalizantes, sem considerar que, em muitas organizações, o lazer acontece nas associações esportivas a elas afetas.

É importante pontuar, também, a paulatina absorção, pelas organizações, de papéis tradicionalmente desempenhados pelo Estado. Segurança, saúde e ensino vêm sendo supridos pelas organizações e seus públicos. Parece enriquecedor resgatar alguns pontos colocados por Althusser (1974) que explicam esse contexto. Pela cartilha do marxismo, ele mostra o estado como uma máquina de repressão que permite às classes dominantes [...] assegurar sua dominação sobre a classe operária, para submetê-la ao processo de extorsão da mais-valia. São os denominados aparelhos de Estado.

> Termo [que] compreende: não somente o aparelho especializado (no sentido estrito) cuja existência e necessidade reconhecemos pelas exigências da prática jurídica, a saber: a política – os tribunais – e as prisões; mas também o exército, que intervém diretamente como força repressiva de apoio em última instância [...] quando a polícia e seus órgãos auxiliares são "ultrapassados pelos acontecimentos"; e, acima deste conjunto, o Chefe de estado, o Governo e a Administração. (Althusser, 1974, p. 62 e 67)

Deve-se frisar ainda que, segundo Althusser, o "Aparelho (repressivo) do Estado, unificado, pertence inteiramente ao domínio público". Por outro lado, "a maior parte dos Aparelhos Ideológicos do Estado (em sua aparente dispersão) remete ao domínio privado" (Althusser, 1974, p. 67), a exemplo de igrejas, famílias, algumas escolas, empresas, entre outras, as quais permeiam a tessitura da produção de significação. Freitas (2002, p. 10) explica as organizações modernas como espaço de trabalho e de "interação e representação humanas, habitados por um imaginário que é socialmente construído e veiculado interna e externamente".

O contexto do final do século XX e início do terceiro milênio pontua, como já foi dito, uma série de mudanças expressivas, responsáveis, sob certo aspecto, por uma reconfiguração das socialidades e mesmo dos comportamentos individuais. Percebe-se que dúvidas, incertezas, buscas, insegurança, falta de modelos identitários e de referenciais abrem espaço para que as organizações se atualizem como instituições, reconhecidas e avalizadas pela sociedade e, portanto, com legitimidade para capitalizar essas mudanças.

Assim, o que se vê é que, cada vez mais, os indivíduos valorizam suas carreiras, dedicam-se a elas, delegam ao profissional espaços antes ocupados pelo social e legitimam a organização em um lugar que não é originalmente o dela. Ela, por sua vez, cria estratégias que acabam por legitimá-la nesse lugar, tecendo uma trama que é cultural, simbólica e imaginária. Os indivíduos dedicam a maior parte de seu tempo a questões ligadas ao trabalho. Suas carreiras bem-sucedidas são a "realização completa" e as organizações são a tábua de salvação das sociedades organizadas (Freitas, 2002).

> A reprodução da força de trabalho evidencia, como condição *sine qua non*, a reprodução de sua "qualificação", mas também a reprodução de sua submissão à ideologia dominante, ou da "prática" desta ideologia, devendo ficar claro que não basta dizer: "Não somente mas também", pois a reprodução da qualificação da força de trabalho se assegura em e sob as formas de submissão: a ideologia. (Althusser, 2003, p. 59)

Em um contexto econômico de acirrada competição, de extremada tecnologização de processos, de conglomerados com alto poder de barganha, a crise de emprego é, efetivamente, estrutural. Assim, o sujeito pode ver-se compelido a entrar no jogo da barganha, empreendendo todos os esforços para manter seu emprego e sua empregabilidade. "O emprego é um privilégio em troca do silêncio sobre as condições de trabalho e os efeitos desestabilizadores (psíquicos) das novas práticas de gestão" (Freitas, 2002, p. 62).

Parece arraigar-se cada vez mais, no imaginário dos indivíduos, a ideia de que sem a empresa eles não têm competência para qualquer tipo de autorrealização. Ela é a grande mãe, que providencia o alimento, a segurança e a felicidade. Esse tipo de relação acaba engendrando sentimentos ambíguos/contraditórios, de dependência e idolatria. Se, de um lado, a empresa pode obter vantagens explorando esse quadro, de outro, não pode perder de vista que a relação contempla, também, medo e raiva.

Assim, ao não potencializar sentimentos de autonomia, criatividade e segurança (entre outros) de seus públicos, a organização poderá provocar que "o feitiço vire contra o feiticeiro".

Outra questão relevante: na reflexão sobre o conceito de cultura organizacional e sua implicação nos diversos processos comunicacionais dessas organizações e sobre o desenho que ela imprime às relações intersubjetivas, é necessário pensar que elas estão "enlaçadas" ao cotidiano social. Deve-se, assim, pontuar um processo crescente de desmaterialização do modelo produtivo (Sodré, 2006). Vive-se a hegemonia do fluxo.

A sociedade que se desenha aparece polifônica, polimorfa, fluida e, como não dizer, multifacetada, complexa, o que obriga a refletir sobre os processos de comunicação. Do real, concreto, unívoco, singular que conduzia as relações, parte-se para o abstrato, passageiro, telerreal.

Vive-se um processo de aceleração da História. Nova socialidade afeta a gênese das relações. Mas, tomando-se o padrão de relação empregadores/empregados na primeira metade do século XX, tem-se um modelo próximo daquele que definia as relações escravos/feitores/senhores até a segunda metade do século XIX, numa economia de base latifundiária e escravocrata, no caso do Brasil.

Até a primeira metade do século XX, já inserida na modernidade, a economia ainda retém claramente traços do que se convencionou chamar de fordismo: hierarquia rígida, verticalidade de poder, obediência cega, crise/tensão categorizadas como anomia, fábricas gigantescas, maquinário pesado, força de trabalho maciça e sem voz, centralização das decisões. Os bens imóveis funcionavam como aval de solidez patrimonial. O capitalismo pesado "era obcecado por volume e tamanho, e, por isso, também por fronteiras, fazendo-as sólidas e impenetráveis" (Bauman, 2001, p. 69). Manter o trabalhador imobilizado era a força motriz desse capitalismo, brilhantemente espelhado no fordismo/taylorismo.

Já o capitalismo leve, contemporâneo, viaja volátil, beira a ubiquidade. Uma organização se movimenta de um lado a outro do globo, por meio de um computador de bolso e um celular. O trabalho, por seu turno, ao que parece, continua fixo, mas essa fixidez se dá numa dimensão nunca vista, na medida em que de um momento para o outro o capital "evapora", transfere-se para outro lugar, apenas mais um. Assim, aquele lugar que fixava o trabalho desaparece, sem que este tenha se movimentado no espaço. Como, então, olhar para as relações empregado/empregador, organização/sociedade da formalidade/informalidade do modo que foi feito pelo menos até o final da primeira metade do século XX?

No momento em que a sociedade passa por uma transformação emblemática em seus processos de comunicação, torna-se essencial buscar compreender como essa mudança acontece no interior das organizações. O trabalho que, sob nossa ótica, é fundamental para a realização pessoal torna-se causa de sofrimento psíquico ante a permanente ameaça de desemprego (instabilidade) que sedimenta uma relação de dominação. A crescente adoção de modelos como o da terceirização e a desarticulação de trabalhadores como categoria buscam enfraquecer a instância crítica e instaurar uma espécie de "espiral do silêncio".

Paladino e Teijeiro (2006) apontam como causa da crise do modelo economicista de organizações na contemporaneidade o fato de ignorar a complexidade do sujeito, ou seja, considerá-lo apenas pelo viés econômico, "ignorando suas dimensões cívico-políticas, socioculturais e éticas" e, se acrescenta ao autor, psíquicas. "Somente a visão integral do trabalho que contempla tanto as múltiplas dimensões da pessoa quanto a manifestação/comunicação de tais dimensões [...] converte o trabalho em um âmbito de realização" (p. 32).

Há dois aspectos importantes a pontuar: a) a cultura organizacional – mecanismo que as organizações adotam para perpetuar seus valores e alavancar o que chamamos de articulação – na maioria das vezes não chega ao piso de fábrica, circulando apenas nos níveis de diretoria, gerência e, já bastante enfraquecida e distorcida, no de supervisão; b) o trabalhador é atravessado por um sem-número de mediações que acabam funcionando como espécie de antídoto à dissolução da capacidade reativa.

Em nome da cultura

Pode-se chamar de cultura a maneira pela qual um grupo supre suas necessidades materiais e psicossociais. Ela aparece na forma como essa comunidade desenha seu perfil a partir da necessidade e do desejo de adaptação ao/do meio ambiente; imprime sentido às atividades de grupos organizados/coesos reunidos em determinado espaço/tempo. Decodificar o valor simbólico da produção de uma cultura será o caminho para a compreensão desta.

Para Morin (2001, p. 56-7), a cultura é constituída

> pelo conjunto dos saberes, fazeres, regras, normas, proibições, estratégias, crenças, ideias, valores, mitos, que se transmite de geração em geração, se reproduz em cada indivíduo, controla a existência da sociedade e mantém a complexidade psicológica e social. Não há sociedade humana, arcaica ou moderna, desprovida de cultura, mas cada cultura é singular. Assim, sempre existe a cultura nas culturas, mas a cultura existe apenas por meios das culturas. [...] mas existe em cada cultura um capital específico de crenças, ideias, valores, mitos e, particularmente, aqueles que unem uma comunidade singular a seus ancestrais, suas tradições, seus mortos.

Ainda segundo o autor, uma cultura oferece "pontos de apoio imaginários à vida prática e pontos de apoio práticos à vida imaginária" (2007, p. 15). É comum pensar que as organizações produzem sistemas imaginários sem os quais os sistemas simbólico e cultural teriam difícil aderência.

Ao olhar para esse "capital", passado de geração em geração, não se pode esquecer que ele está fixo num espaço e num tempo determinados, contextos que imprimem significações particulares a fatos/fenômenos/acontecimentos. Essa atribuição de significação funciona como uma "teia", tramada num processo dialógico-recursivo estabelecido entre sujeito/sujeito, sujeito/grupo(s) e entre grupo(s)/grupo(s), o que remete a uma (multi)cultura dinâmica, orgânica e hologramática.

Se, por um lado, a imposição de uma cultura unilateral pode levar à paralisação (entropia), de outro, a ausência de parâmetros pode levar à falta de identidade, sendo os dois quadros igualmente perigosos para uma organização. Ao falar em organizações/instituições, é importante que se refira à subcategoria "cultura organizacional", frisando novamente que o conceito de cultura está irrefutavelmente associado ao de movimento.

> [...] Representações imaginárias que uma organização cultiva identificam quem é quem, demarcam praxes nem sempre explícitas, impõem precedências e formalidades compulsórias, regulam expectativas e pautas de comportamentos, e, por fim, exigem cautela e aprendizagem por parte de todos os membros. Uma vez que não são ensinadas de forma sistemática, acabam sendo em boa parte adivinhadas. Compõem um mapa ou um kit de sobrevivência, ou, que força misteriosa é esta? A cultura organizacional [ela] reproduz-se sob o crivo de uma série de controles sociais. Não se resume à somatória das opiniões dos agentes sociais que a partilham, pois tem vida própria e constitui uma das dimensões da organização. Enquanto a dimensão política traça o espaço da arena em que se articulam as relações de poder e a dimensão econômica demarca o espaço da praça em que se articulam as relações de haver, a dimen-

> são simbólica representa o espaço do palco em que se articulam as relações de saber. (Srour, 1998, p. 168)

Quando se fala em simbólico, fala-se também em representação, o que, de imediato, remete ao conceito de imagem, objeto de preocupação das organizações nos dias de hoje, mais que em qualquer tempo. Dessa forma, tão importante quanto aprofundar o conceito de imagem é procurar os lugares em que as organizações buscam trabalhar esse conceito: nas relações públicas, no *marketing*, na publicidade, nas relações com a mídia e com as comunidades interna e externa.

Nas organizações, a cultura emprega todas as práticas e constitui um conjunto preciso de representações mentais, um complexo bem definido de saberes. Forma um sistema coerente de significações e funciona como um cimento que procura unir todos os membros em torno dos mesmos objetivos e dos mesmos modos de agir. Sem referências próprias, as organizações ficariam à mercê das convicções de seus membros diante de situações novas e, certamente, sofreriam prejuízos dada a disparidade de procedimentos e orientações.

> A cultura organizacional exprime então a identidade da organização. É construída ao longo do tempo e serve de chave para distinguir diferentes coletividades. Aliás, as culturas organizacionais gritam de tão diversas que são quando ocorrem fusões, aquisições ou incorporações de empresas, sob o fogo cruzado da multiplicidade das maneiras de ser. (Srour, 1998, p. 175)

Assim, ao mesmo tempo que pretende apresentar um diversificado arcabouço de determinações comportamentais tendendo à estabilidade, a cultura organizacional agrega novos elementos, transformando-se continuamente. Essa transformação, porém, parece acontecer em descompasso com as vividas pela sociedade a partir da segunda metade do século XX. A associação entre treinamento fundado em controles e processos (rigidamente) burocráticos é, ainda, o *modus operandi* da manutenção/difusão da cultura organizacional, em representativo número de organizações. Percebe-se, portanto, um vínculo estreito entre cultura organizacional e ideologia/poder, o que exige que se olhe na direção de algumas outras noções fundantes, como controle, dominação e disciplina.

A cultura organizacional precisa ampliar seus horizontes, contemplando, também, valores da sociedade que a acolhe. Paladino e Teijeiro (2006, p. 23) argumentam que, "se as empresas desejam assumir a responsabilidade de criar cultura, isto é, sentido, do modo mais eficaz e mais compatível com a especificidade da área: comunicar o que as empresas fazem é criar cultura, porque uma cultura não se cria, verdadeira e intencionalmente, se não se comunica".

Comunicar significa, portanto, mostrar o sentido do trabalho. Um trabalho com sentido permitirá, segundo Paladino e Teijeiro, aperfeiçoar e reaperfeiçoar a cultura. Trata-se de um novo modelo de empresa: criadora de cultura e sentido por meio da comunicação.

Morin alerta que a relação espírito/cérebro deve ser vista como circular. É impossível isolar um do outro, assim como não se podem isolar ambos da cultura. "Com efeito, sem cultura, isto é, sem linguagem, *savoir-faire* e saberes acumulados no patrimônio social, o espírito humano não teria atingido o mesmo desenvolvimento e o cérebro do *homo sapiens* teria ficado limitado às computações de um primata do mais baixo grau" (Morin, 2002, p. 85).

O espírito somente emergirá em determinada cultura a partir da presença de códigos linguísticos e simbólicos que a constituem.

> Assim, ela é indispensável para a emergência do espírito e, também, para o desenvolvimento do cérebro, que, por sua vez, condiciona o desenvolvimento desse espírito, e sem os dois (cérebro e espírito) o desenvolvimento da sociedade humana estará comprometido. Culturas/sociedades humanas/espírito/cérebro estão permanentemente ligados, num movimento circular de retroalimentação. Uma cultura [...] constitui uma espécie de sistema neurovegetativo que irriga, segundo seus entrelaçamentos, a vida real de imaginário e o imaginário de vida real. (Morin, 2007, p. 81)

Enriquez (1997) descreve a organização como um sistema que integra os aspectos cultural, simbólico e imaginário. Pode-se olhar para ela a partir das instâncias mítica, sócio-histórica, institucional, organizacional (*stricto sensu*), grupal, individual e pulsional. Assim, sob diversos prismas, a cultura organizacional é o veículo pelo qual se busca homogeneizar comportamentos e formas de pensar, diluindo a instância crítica dos sujeitos organizacionais que subordinam/balizam seus valores e desejos pessoais a/pelos da organização. O sentimento de pertença se desloca de espaços como a família biológica para a família-organização. Isso permite que o sujeito idealize a organização (Freitas, 2002), vislumbrando-a como única possibilidade de espaço profissional capaz de realizá-lo, também, pessoalmente. Realização profissional se torna sinônimo de autoestima; a identidade profissional funde-se à identidade pessoal; fracasso profissional significa fracasso como ser humano; a parte toma lugar do todo.

O desejo de cooperação/cooptação aparece como fio condutor do comportamento, mesmo quando a relação da organização com o empregado pareça ambivalente. Tomando-se um trabalhador da produção e um executivo, notam-se *modus operandi* distintos. A instância crítica do primeiro será enfraquecida estabelecendo-se uma relação unilateral e imobilizadora, que abala sua autoestima e seu poder de confiança. Dele se espera que reproduza um modelo acabado. O segundo será estimulado a criar/pensar. Decisões, autonomia, inovação são contribuições que a organização espera (exige) dele, em troca do estímulo a seu narcisismo. Assim estão ambos, de maneira oposta, presos àquela organização, cujos valores acabam por sofrer uma espécie de reificação.

A partir daí, torna-se fundamental refletir sobre o lugar do jornalismo no processo de comunicação das organizações.

8 UM NOVO OLHAR

Apesar da, ou principalmente pela, vivência profissional íntima com os processos comunicacionais do jornalismo organizacional, pesquisar essa área do fazer jornalístico revelou-se instigante, apaixonante. Existia uma hipótese alimentada há muito tempo, que a prática diária do trabalho fazia crescer. Por outro lado, encontravam-se nas organizações uma segurança tão grande e uma disposição tão ferrenha em ignorá-la que, muitas vezes, chegou-se a pôr em dúvida o que parecia óbvio. Isso resultava num dilema, na medida em que, além do exercício do fazer jornalístico de fato, também se ministravam aulas sobre o tema a futuros jornalistas e futuros relações-públicas.

Acreditava-se que a prática do jornalismo organizacional estivesse intimamente ligada ao fazer jornalístico da grande imprensa. Levantar boas pautas; selecionar fatos importantes; buscar as informações diretamente nas fontes; consultar fontes diversas e independentes; dar às matérias um tratamento efetivamente jornalístico; cuidar para que esse boletim, jornal ou revista tenha, no aspecto gráfico, uma "cara", uma personalidade definida e bem marcada; estabelecer e manter um contrato de leitura com a recepção, com respeito aos cânones básicos da boa diagramação; e respeitar, acima de qualquer coisa, a periodicidade estabelecida era o mínimo que, julgava-se, um jornal organizacional deveria oferecer a seus leitores.

Os fatos diários, porém, percorriam um caminho paralelo, isto é, não se encontravam (praticamente nunca) com as assertivas levantadas. Não havia seleção de acontecimentos. Tudo era importante e devia entrar no jornal. A proporção de matérias publicadas sem fonte, ou com fontes claramente comprometidas com a organização, era muito superior à proporção de matérias com fontes e, o que é mais importante, com fontes idôneas.

O tratamento editorial era desprezado por "especialistas", verdadeiros *experts* em deformar matérias jornalísticas e transformá-las em autênticos e enfadonhos relatórios. Em nome da ignorância imputada aos trabalhadores, toda a linguagem era considerada por demais sofisticada, sem considerar, ainda, que a taxa de informação era muito pequena.

O tratamento gráfico era ainda mais desrespeitoso do que o editorial, e a periodicidade era o item que as organizações mais descumpriam.

Tudo isso, pode-se afirmar, acontecia (e, ao que parece, continua acontecendo) na maioria das organizações. Esse comportamento era tão padronizado que, em vários momentos, chegou-se a duvidar de uma série de certezas fundamentadas em análises, observações, entrevistas e leituras.

Defender os princípios do que se entendia por um bom jornalismo organizacional tornou-se gradativamente mais difícil. Sobretudo a partir da segunda metade da década de 1980, quando se instaurou definitivamente o reinado do cliente. É preciso lembrar, como já ficou posto, que esse é o período em que o perfil do mercado de trabalho começou a se reestruturar, privilegiando as relações de terceirização.

Discutir, portanto, o que o cliente deve fazer para editar um bom jornal e, mesmo, sanear sua política de comunicação significa um risco alto para o prestador de serviço (o cliente sempre tem razão).

A questão ética também merece um olhar. Quando se fala em jornalismo organizacional, fala-se, antes de *organizacional*, em jornalismo. A intenção, a partir dessa reflexão, foi deixar explícito que jornalismo organizacional é uma tarefa de grande importância no ramo e, em hipótese alguma, pode ser dele desmembrado, ficando no grande "guarda-chuva" da comunicação.

Outra questão relevante, que embora não tenha sido contemplada na pesquisa merece ser mencionada, e que está diretamente ligada à qualidade do fazer jornalístico dentro das organizações, é o sombreamento nas atividades de jornalistas e de relações-públicas do que são as funções de reportagem, redação e edição. Basta um olhar rápido sobre os currículos dos cursos de relações-públicas e jornalismo para perceber o quanto distante está o relações-públicas do preparo e da habilitação para fazer jornalismo, o que, por si, serviria de bom argumento para apontar seu despreparo para a função. Por outro lado, é significativo o número de relações-públicas implicados na produção direta de jornais e revistas de organizações.

Não se discute aqui a questão da obrigatoriedade ou não de diploma de jornalismo. O que se discute é a competência do profissional para o exercício de sua função. O que cabe, sim, é uma reflexão sobre a importância da comunicação integrada[50], na qual, operacionalmente (de execução), relações-públicas, jornalistas e publicitários têm funções específicas que devem ser respeitadas, sendo impossível prescindir de qualquer um deles. Porém, em nível estratégico, pensam o composto da comunicação organizacional coordenado pelo profissional cuja competência permite olhar para o processo total, estrategicamente o que, nos parece, analisando-se a formação curricular dos profissionais, aponta para o relações-públicas.

Desenvolver essa pesquisa revelou-se um processo catártico. A cada dado trabalhado, a cada autor que corroborava com as cogitações, apagavam-se as marcas, agora ressignificadas, das infindáveis tensões, dos inúmeros dissabores causados pelas desautorizações, pelas negativas e pela renegação dos princípios do trabalho.

Principalmente no momento em que o mercado de trabalho, de forma geral, assume uma nova arquitetura, é preciso dedicar um olhar cuidadoso às relações empregado/empregador, agora vistas muito mais a partir do prisma cliente/fornecedor. A terceirização, o que significa falar em relação organização/organização, é a tônica do momento[51]. Num primeiro olhar, isso pode significar uma vantagem: a comunicação descendente assumiria um plano menor, e as relações poderiam ser mais horizontais e democráticas, o que representaria uma oxigenação nos fluxos de comunicação. De outro lado, porém, quem manda é o novo e perigoso ditador: o cliente (que sempre tem razão). Isso tende a ressuscitar – ou melhor, manter de pé – o fantasma da tirania nas relações de trabalho e a forma descendente e autoritária de comunicação, agora na relação cliente/fornecedor.

Ao confirmar-se a dificuldade das organizações remodelarem seus sistemas de comunicação numa direção de maior abertura, os profissionais de relações públicas dificilmente conseguem guindar suas áreas ao *status* de gerenciamento dos processos de comunicação. Trabalham, na verdade, mais como executores que estrategistas ou, mesmo, "diagnosticistas". Isso só vem corroborar com a afirmação feita neste livro de que as organizações raramente montam escutas que permitam um funcionamento eficaz de suas áreas de comunicação. Elas têm consciência da necessidade de "trabalhar" sua imagem, mas raramente investem na etapa anterior, que significa estruturar um processo de construção dessa imagem, esse sim, acredita-se, papel do relações-públicas.

Na etapa de construção da dissertação que deu origem à primeira edição deste livro, ainda não estava amadurecido e sistematizado o olhar sobre a relação entre os jornais organizacionais e a arquitetura dos processos gerais de comunicação nas organizações. Não se podia, naquele momento, denunciar a incipiência dos jornais organizacionais como "a ponta do *iceberg*", o que aconteceu mais tarde, quando se iniciou a construção de uma tese de doutorado, que resultou em outra publicação.

Hoje se pode dizer com convicção que cabe aos profissionais de relações públicas e jornalismo agir de forma sinérgica, buscando espaço para uma gestão dos processos de comunicação completamente imbricada com a gestão da organização como um todo. À academia cabe dedicar um olhar atencioso ao novo diagrama que se perfila, pois, sem um fluxo circular e permanente de informação, a organização sofrerá um irremediável processo de exclusão do mercado e da sociedade.

A análise desenvolvida nos Jornais A e B evidenciou os descaminhos que percorre o processo de criação de um jornal organizacional. O desprezo pelos conceitos mínimos do que seja jornalismo, a ingerência de pessoas despreparadas em processos de decisão de pauta e aprovação de matérias, o desregramento da periodicidade e a falta de critérios na seleção dos temas mostram uma grande carência de profissionalismo na implantação desse tipo de jornal. O discurso das organizações contraria sua prática. De um lado, fazem apologia à comunicação; de outro, mantêm estruturas rígidas e unidirecionais, o que resulta em taxas minimizadas de informação, pontos de fuga e, em muitos casos, construção de sentido avesso ao que elas desejam.

As organizações querem ser ouvidas, mas não falam a língua de seu público, fazem-se surdas para ela, interrompendo o fluxo de comunicação, que acaba por funcionar como bolhas isoladas. Via de regra, o mudo não fala porque não ouve, e é exatamente esse o risco que correm as organizações enquanto adotarem uma comunicação autoritária, rígida, descendente, unilateral e um jornal que reflete exatamente esse corpo, o que acaba por somar para a multifocalidade de sentidos na leitura.

Parece que o jornal organizacional, *house organ* (nesse caso *home organ*, se seguir à risca a terminologia estadunidense), ou jornal interno é um instrumento perfeito para mostrar à recepção a cultura organizacional. Tanto isso é verdade que se pode fazer, por seu estudo e pela escuta à recepção, um diagnóstico muito preciso dos sistemas de comunicação e de valores culturais das organizações em questão. A forma como são feitos reflete, exatamente, o perfil das empresas, apesar dos esforços continuados e intensos para uma leitura dirigida e mesmo irretocável. Treinada na escuta, a recepção percebe isso com clareza.

A partir da pesquisa, pode-se dizer que a recepção aponta uma diferença bem marcada entre os valores culturais difundidos pelo jornal e o dia a dia concreto da companhia. Sabe que o jornal é da organização, espera retirar dele informações sobre ela, aponta, sem constrangimento, a falta de transparência, e tem consciência de que não é ouvida, embora tenha muito a dizer. A grande questão: o jornal organizacional serve, de fato, para a difusão da cultura organizacional? Deve-se responder, portanto: sim, serve, mas para divulgar a autêntica cultura organizacional, e não a maquiada, que a organização desejaria repassar.

A recepção está ali para ouvir, treinada que é nessa atividade. A organização precisa dar conta de que teria muito a ganhar promovendo uma ligação mais próxima entre seus valores culturais e os valores culturais da recepção, sua gramática, seus modelos, sua forma de se relacionar, significar, aprender e ensinar. Lamentavelmente não há investimento, de fato, nessa troca. Ao contrário: a organização estabelece padrões de procedimentos pessoais e profissionais. Busca a igualdade e, de maneira geral, despreza as apropriações feitas pelo trabalhador, pretendendo uma espécie de pasteurização, muito relacionada a suas políticas de treinamento.

Apesar disso tudo, existe uma forte interação entre a recepção e o jornal. O empregado sabe que não vai ler, ali, toda a verdade, mas quer estar informado sobre a organização em que trabalha. A grande massa de leitores, integrada pelos trabalhadores de chão de fábrica, gosta do jornal, sente-se informada sob diversos aspectos, embora não se iluda com relação à transparência dessas informações. Os leitores são críticos e capazes de construir uma competência jornalística que, ficou claro na pesquisa, em muitos casos falta à produção.

Na ótica redutora de integrantes de uma faixa intermediária de poder das organizações, o jornal é um instrumento importante, capaz de anestesiar a visão crítica da recepção. O caminho inequívoco para seu sucesso é, segundo ela: muitas fotografias, mesmo que de péssima qualidade; "letras grandes" nos textos, que devem ser invariavelmente curtos; contemplação de todos os setores da fábrica, independentemente de o fato escolhido ser, realmente, notícia; e vocabulário muito simplificado, acompanhado, quase sempre, de uma taxa mínima de informação concreta e, de preferência, em forma relatorial e cronológica de redação.

Ao neutralizar a possibilidade de discussão com a veiculação de matérias sem impacto, ao trabalhar os dados de forma unilateral, as organizações acreditam passar à recepção informações claras sobre sua cultura, ideologia e valores. Elas não atentam nem aos pontos de fuga nem à conotação que informações parciais (mesmo que não tendenciosas) podem assumir. Julgam que, ao veicular dados e informações numa linguagem hipersimplificada e evitar, a qualquer preço, o processo dialético de análise, fortalecem e perpetuam seus valores.

É preciso perceber, porém, que a leitura desse tipo de jornal está sujeita a inúmeras mediações. As organizações não são universos isolados. Estão inseridas na sociedade, são parte dela. O trabalhador é cidadão, pai, irmão, estudante, sindicalista, vai à missa, ao cinema, ao teatro, ouve palestras, lê jornais, vê televisão, ouve rádio, conversa com seus colegas e participa de diversas instâncias de discussão de fatos do dia a dia. Portanto, não há como pensar uma cultura cristalizada. Os trabalhadores conversam no restaurante, nos vestiários, na saída do trabalho, no caminho para casa. Participam de cursos de treinamento dentro e fora da organização, convivem com a cultura de fornecedores e clientes. Comparam a forma como funcionam sua organização e as organizações nas quais trabalham seus amigos e familiares.

É indiscutível que os processos culturais estão em transformação permanente. Na verdade, é impossível que existam em convívio, sem que se misturem, culturas diversas. E, teoricamente e *grosso modo*, numa organização convivem, no mínimo, a cultura da própria organização, a cultura popular e uma cultura "elitizada", que se instala a partir dos que, no setor administrativo, detêm o poder. Nessa direção há um forte preconceito em relação aos que, mesmo com poder, atuam no chão de fábrica (o trânsito da produção para a administração é encarado como um grande crescimento profissional e pessoal, mas o caminho inverso causa surpresa à população das organizações).

Enquanto as camadas intermediárias e superiores da pirâmide de poder das companhias julgam que os jornais oferecem um pacote fechado, sem possibilidade de desdobramento, a recepção sobrepõe à leitura discussões, conversas horizontais (entre colegas) e verticais (com os líderes e supervisores imediatos). Assim, percebe-se uma ingenuidade grande das organizações ao apontar a padronização e restrição das informações como soluções para a manutenção do poder.

Como já foi dito, num processo dialético, com um sistema horizontal de comunicação e uma taxa vertical de informação, a tendência é que se chegue à circularidade do processo e se atinja, então, o objetivo de evidenciar ao trabalhador os valores mais importantes da e para a organização, sem deixar de evidenciar e agregar, também, o respeito pelos valores que ele traz para dentro dela.

Há, ainda, três aspectos fundamentais a ressaltar, decorrentes da pesquisa:

- A pouca importância que a academia e, mais especificamente, as próprias escolas de Comunicação dedicam ao jornalismo organizacional, que ocupa reduzido espaço nos currículos dos cursos e nas produções científicas, justamente num momento em que se configura uma nova arquitetura, um novo formato tanto nas relações trabalhistas (jornalistas ainda são preparados para ocupar redações) quanto no espaço da comunicação (pelo menos teoricamente) dentro das organizações.
- A falsa premissa de que o jornalismo organizacional não apresenta tensionamentos, dificuldades e percalços ao profissional que se disponha, de fato, a desenvolver um bom trabalho. O jornalismo organizacional pode, e deve, receber um novo olhar dos profissionais. Nessa produção há um veículo, o público e o fato. Na verdade, o que pouco existe é o verdadeiro profissional, que, por preconceito e talvez falta de reflexão sobre seu papel social, vem deixando uma brecha, num espaço por demais importante. Ao olhar para o jornalismo organizacional, deve-se refletir a respeito da relevância de seu papel social. À medida que um olhar mais crítico, sério e responsável recair sobre esse "fazer jornalístico", ter-se-á constituído um espaço de verdadeiro valor.

- A pouca importância que os departamentos de RH atribuem aos processos de comunicação como elementos fundamentais da administração nas/das organizações.

NOTAS

1. Entende-se cultura organizacional como as "representações imaginárias que uma organização cultiva identificam quem é quem, demarcam praxes nem sempre explícitas, impõem precedências e formalidades compulsórias, regulam expectativas e pautas de comportamentos, e, por fim, exigem cautela e aprendizagem por parte de todos os membros. [...] Enquanto a dimensão política traça o espaço da arena em que se articulam as relações de poder e a dimensão econômica demarca o espaço da praça em que se articulam as relações de haver, a dimensão simbólica representa o espaço do palco em que se articulam as relações de saber" (Srour, 1998, p. 168).

2. "A Pesquisa Qualitativa é importante para o estudo de questões difíceis de quantificar, como sentimentos, motivações, crenças e atitudes individuais" (Goldenberg, 1999, p. 63). Ela permite levar em conta reações subjetivas, o que, no caso do trabalho em curso, é fundamental. Segundo Haguette (1992, p. 88): "as afirmações de natureza subjetiva estão sempre imersas em reações que devem ser levadas em conta".

3. As ideias centrais da teoria marxista apontam para a recepção do mundo social pela categoria de classe, definida pelas relações com os processos econômicos e produtivos: a crença no desenvolvimento da sociedade, além da fase capitalista, mediante uma revolução do proletariado; na economia, a teoria do valor-trabalho e, acima de tudo, a rejeição da exploração que é inerente ao controle privado do processo produtivo. Na prática, o marxismo é um comprometimento com as classes exploradas e oprimidas, e com a revolução que deverá melhorar sua condição. Partidário das ideias de Marx, Engels foi seu grande colaborador. Geralmente se atribui a ele a formação dos dois componentes filosóficos do marxismo: o materialismo histórico e o materialismo dialético. Engels colaborou com Marx na elaboração do Manifesto Comunista de 1848 (Blackburn, 1994, p. 116-238).

4. As publicações empresariais servem a uma organização, apresentam matérias detalhadas, de interesse da organização, e que não seriam encontradas nas seções de economia dos jornais informativos. Divulgam informações sobre a política da organização, sobre seus produtos, seus trabalhos e suas perspectivas (Wey, 1983).

5. O autor não oferece mais informações sobre o congresso mencionado.

6. Hoje chamada de Associação Brasileira de Comunicação Empresarial. K. Kunsch, em *Relações públicas e modernidade* (1997), traça um panorama da história da Aberje,

registrando, também, a história da Proal, organização fundada em São Paulo, em 1968, com a finalidade de prestar consultoria na área das publicações organizacionais.

7. Leitura sugerida: Oliveira, Berenice de. *Toyotismo no Brasil*. 2. ed. São Paulo: Expressão Popular, 2006.

8. Consulta à pesquisa desenvolvida por um funcionário do Sindicato dos Jornalistas Profissionais do Estado de São Paulo por mais de dez anos. A dificuldade de reunir dados precisos sobre a categoria é muito grande, informou ele em entrevista, devido à descentralização do controle de registros profissionais que acontece no Ministério do Trabalho e na Federação Nacional de Jornalistas. A pesquisa considera jornalistas profissionais com carteira assinada e sindicalizados, o que deixa uma lacuna no número de profissionais atuantes, pois há os não sindicalizados e os que trabalham sem carteira assinada.

9. José Fontana. Gerente financeiro da Gráfica e Editora São Miguel, de Caxias do Sul, em entrevista concedida à pesquisadora.

10. **Pirâmide normal**: técnica de redação em que os detalhes introduzem o texto. Fatos redigidos em forma crescente de importância, para criar suspense e despertar o interesse do leitor. Há um clímax com os fatos culminantes e um desenlace. **Pirâmide invertida**: técnica de redação jornalística que hierarquiza as informações. Os dados de mais destaque ficam no início do texto (*lead*) e os demais seguem em ordem crescente de importância. Essa técnica universal foi formulada para servir às agências de notícias que transmitem matérias para vários veículos. Desse modo, os textos podem ser cortados "pelo pé sem prejuízo da informação principal, que está na cabeça". **Pirâmide mista**: a abertura traz os fatos mais importantes, seguida de uma narração em ordem cronológica dos acontecimentos (Rego, 1984, p. 115-6).

11. A informação tem base em pesquisa comentada em Rego, 1984, p. 83.

12. "Todo processo de comunicação implica um processo de significação, quando o sinal é uma forma significante que o destinatário deverá preencher com significados. Os sinais são emitidos por um emissor que, baseando sua mensagem em códigos e léxicos, transforma a mensagem significante (enviada pelo emissor) em mensagem significada. Nesse tipo de esquema, o papel de código é preponderante" (Silva, 1985, p. 26). Na página 39 do mesmo livro, o autor cita João Rodolfo do Prado (*Discurso gráfico: constatações*. Cadernos de Jornalismo e Comunicação do *Jornal do Brasil*, Rio de Janeiro, n. 48, p. 26-8, s.d.): "O nosso tempo é caracterizado pela descoberta da linguagem e do discurso, e a consciência de que não há dizer natural. Em nenhum lugar se admite o inocente. É um tempo terrível, e tudo tem significação. Até mesmo um discurso gráfico". E acrescenta: "O discurso gráfico é um conjunto de elementos visuais de um jornal, revista, livro ou tudo que é impresso. Como discurso, ele possui a qualidade de ser significável; para se compreender um jornal não é necessário ler. Então, há pelo menos duas leituras: uma gráfica e outra textual". Ainda segundo Silva (1985, p. 136): "a dupla leitura é, sem dúvida, a grande realidade concreta de nossos dias".

Eco (1997, p. 39) define o código como "uma estrutura elaborada sob a forma de um modelo, que é postulada como regra subjacente a uma série de mensagens concretas e individuais que a ela se adequam, e só em relação a ela se tornam comunicativas. Todo código pode ser comparado a outros códigos mediante a elaboração de um código comum, mais esquelético e abrangente".

13. A referida pesquisa de clima organizacional foi aplicada na organização em dezembro de 1999, pela área de recursos humanos. Os formulários foram entregues a todos os trabalhadores, e a devolução, espontânea, foi estimulada pela entrega de brindes. A tabulação dos dados foi feita dentro da própria organização por integrantes da equipe de recursos humanos. Uma edição especial do informativo divulgou o resultado, em fevereiro de 2000. A mesma sistemática foi empregada na pesquisa desenvolvida pela **Empresa A** em sua pesquisa de clima organizacional aplicada em setembro de 2000. Nas duas organizações, as entrevistas não foram aplicadas pessoalmente. O trabalhador recebeu o questionário, respondeu e devolveu.

14. **Antetítulo**: no jargão jornalístico, é também chamado de **chapéu**, **cartola** e **olho**. Palavra ou frase composta em corpo menor do que o utilizado no título, e colocada antes (acima) deste, para introduzi-lo, indicar o assunto ou a pessoa nele focalizado, ou localizar a posição geográfica e temporal. **Retranca**: até a década de 1980, chamava-se retranca a marcação feita nos originais (laudas de texto, legendas ou títulos, fotografias etc.) componentes de uma mesma matéria para facilitar seu posterior reagrupamento na paginação. O texto e o título eram separados para ser processados por diferentes máquinas de composição [...]. A retranca funcionava como uma indicação feita num código de letras e algarismos tanto nos originais quanto nas provas tipográficas para identificá-los. Hoje, chama-se retranca uma matéria complementar da matéria principal da página. **Vinheta**: elemento ornamental com desenho abstrato ou figurativo, utilizado (isoladamente ou em combinações diversas) como enfeite, fecho de capítulo, cercadura, ornato textual etc. (Rabaça e Barbosa, 1978, p. 18, 408-78).

15. "O tamanho e o peso de cada elemento devem estar em equilíbrio com o tamanho e a forma da composição. O peso e o valor total de um elemento têm de estar em harmonia com o espaço que ocupam" (Ribeiro, 1987, p. 172).

16. "**Harmonia**: Unidade sem violações, com correspondência das partes e proporção conveniente. A harmonia se estabelece por linha e forma, tamanho, ideia e cor. **Simplicidade**: Fato essencial do *layout* obtido pela eliminação de todo o elemento supérfluo. [...] Com a finalidade de evitar multiplicidade de focos, estuda-se todo o material. [...] Uma só unidade tem grande força de impacto visual. Deve-se, sempre que possível, subtrair algo, sem destruir o conjunto. **Proporção**: Os elementos devem ser combinados com um sentido de ordem e unidade e de forma que cada um seja parte integrante do todo. O tamanho e o peso de cada elemento devem estar em equilíbrio com o tamanho e a forma da composição. **Equilíbrio**: O equilíbrio impõe a estabilidade pela anulação mútua de forças opostas. É um fator tão sensível que, quando

existe, só é percebido pela ênfase que dá à harmonia e, por outro lado, 'se violado, experimentamos pronta sensação de desagrado'. **Movimento**: É o poder ativo da composição para levar a vista, suave e naturalmente, do ponto focal a todas as partes do anúncio ou da composição gráfica, seguindo um caminho predeterminado. [...] O movimento focal é gerado pela canalização da vista por formas geométricas, com breves paradas nos pontos de interesse, até percorrer toda a composição. **Destaque**: Toda a composição, para que funcione a contento, precisa apresentar o predomínio de um ou mais elementos sobre o conjunto. Se todo o conjunto tiver o mesmo valor, a atração e o interesse ficarão bastante diluídos. **Contraste**: O contraste é a alma da variedade. Os elementos contrastados aumentam sua força expressiva. O contraste pode ser criado pelos mesmos fatores do destaque. O contraste em um texto deve ser bem calculado, e o corpo dos tipos empregados deve ser escolhido em razão das exigências de peso. O contraste de cor deve ser bem graduado, pois quando existe excesso anula a harmonia, criando efeito desagradável ao gosto. **Ritmo**: É a ordem compassada ou a harmoniosa sucessão de movimentos que se obtém combinando linhas e massas, valores e cores. Todo ritmo contém um movimento, embora nem todos os movimentos sejam necessariamente rítmicos. [...] Os ritmos provocam impressões ativas ou passivas ou ainda uma contradição entre estas impressões" (Ribeiro, 1987, p. 171-9).

17. Intermediar o discurso triangulando a relação com o leitor, o que se deve evitar com empenho, é uma característica marcante de textos produzidos em assessorias de imprensa.

18. O custo total de gráfica do jornal é de R$ 1,8 mil. Segundo informações da Gráfica e Editora São Miguel, a diferença para a impressão do jornal todo em seleção de cores seria de R$ 180 em fotolitos e R$ 130 em impressão.

19. Esse procedimento é bastante comum em jornais pequenos, que compõem o que se costuma chamar de "imprensa de interior". Não existe uma estrutura (ou grade) fixa. A cada edição o leitor encontra o material disposto em diferentes páginas, e mesmo em páginas intercaladas, uma mesma cartola (mais comumente chamada *Geral*).

20. No jargão jornalístico "boxes" são matérias complementares à principal em determinada página. Mostram um aspecto não abordado na matéria principal. Normalmente aparecem dentro de caixas, fios de cercadura, por isso são chamadas de boxes. Retrancas são matérias que mostram um aspecto complementar da matéria principal, podendo estar em boxes ou simplesmente separadas por um intertítulo (título em destaque menor que o principal e referente à matéria complementar).

21. Tijolo é uma matéria pesada, editada num grande bloco visualmente desestimulante à leitura (Rabaça e Barbosa, 1978, p. 50).

22. Entendem-se aqui por "títulos demagógicos" aqueles que exploram com exagero e teatralidade fatos ou feitos relacionados à organização ou a seus empregados num apelo ao sentimentalismo e ao fato de esses leitores não terem conhecimentos e

informações técnicas suficientes para avaliar e julgar o que seja uma produção jornalística benfeita e, mesmo, ética.

23. **Entretítulos**: cada um dos títulos inseridos no meio de um texto extenso (notícia, artigo, entrevista etc.). **Intertítulos**: títulos de retranca ou segunda matéria. A divisão da matéria em vários trechos destacados por entretítulos é um recurso gráfico (visual) destinado a tornar o texto mais atraente, menos cansativo e mais fácil de ler.

24. O *design* gráfico começa a se configurar como tal ao final do século XIX, quando a arte vive o movimento denominado *art nouveau*. A partir daí, movimentos diversos, como cubismo, futurismo, surrealismo, dadaísmo, construtivismo, *art déco*, *Bauhaus*, *pop art*, entre outros, emprestam ao *design* muitas de suas características. No *art nouveau*, em parte resgatado pelo *art déco*, encontram-se algumas características que no *design* atualizam o *kit*, às vezes excessivamente apreciado no tipo de veículo impresso de que se fala aqui.

25. *Comunicação descendente* tem aqui o sentido de comunicação que funciona de cima da pirâmide de poder e autoridade para baixo, em direção aos escalões com menor poder de decisão, até o piso de fábrica. Comunicação de cima para baixo.

26. "Entende-se por 'contrato de leitura' um conjunto de regras estabelecidas no próprio jogo textual, através das quais o emissor pede ao receptor a sua respectiva observância, como condição do mesmo poder efetivar na esfera, o consumo da mensagem que lhe é endereçada. O conceito orienta uma forte tradição de pesquisa no campo da teoria da comunicação aplicada, voltado para a compreensão do fenômeno comunicativo como interação. Num primeiro momento está contida a ideia de que o receptor realiza literalmente a proposição do contrato. Contudo, ampliações teóricas a esse conceito procuram evidenciar que os 'contratos de leitura' são apenas ofertas porque o campo da recepção institui também, a seu modo, outros contratos com que trabalha as mensagens que lhe são endereçadas pela emissão. Na mesma perspectiva, entende-se que em todos os contratos, por mais bem elaborados que sejam, há sempre ao lado dos mecanismos propostos em ofertas outros mecanismos, denominados como 'vazios', que funcionam como pontos de comutação para que a recepção trabalhe, atualizando à sua maneira o processo de 'produção do sentido'" (Fausto Neto, 2001, p. 16). Eco (1999) também menciona os contratos de leitura em diversas de suas obras, mas relativiza o papel do contrato dominante e aponta o processo de produção do trabalho de interpretação, tanto na produção quanto na recepção dos discursos.

27. Entende-se por *notícia* a produção, a circulação e o consumo de uma realidade social construída a partir de um texto como modo significante.

28. Trabalhadores que detêm cargos de chefia, como coordenadores, supervisores, líderes. Ficam abaixo dos cargos de gerência e diretoria, mas têm responsabilidade sobre grupos de pessoas e detêm relativo nível de poder de decisão e autonomia.

29. Entrevista concedida à pesquisadora em junho de 2001. Para proteção de identidade, não será citado o nome do entrevistado.

30. *Newsmaking*: "Que imagem do mundo fornecem os noticiários televisivos? Como se associa essa imagem às exigências quotidianas da produção de notícias, nos organismos radiotelevisivos?" (Golding, 1979, p. 1, *apud* Wolf 1987, p. 167). Essas perguntas definem a abordagem de que se ocupa a abordagem do *newsmaking*. Essa abordagem articula-se dentro de dois limites: a cultura profissional dos jornalistas e a organização do trabalho e dos processos produtivos. As conexões e relações entre os dois aspectos são o ponto central desse tipo de pesquisa.

31. *Gatekeeper*: o conceito de *gatekeeper* (selecionador) foi elaborado por Kurt Lewin, em 1947, em um estudo sobre as dinâmicas internas dos grupos sociais, em especial no que se refere aos problemas ligados à modificação dos hábitos alimentares. Identificando os canais por onde flui a sequência de comportamentos relativos a determinado tema, Lewin nota que existem neles zonas que podem funcionar como cancelas, como porteiros: o conjunto das forças, antes e depois da zona-filtro, é decididamente diferente, de tal forma que a passagem, ou o bloqueio, da unidade através de todo o canal depende, em grande medida, do que acontece na zona-filtro. Isso sucede não só com os canais de alimentação, mas também com a sequência de uma informação, dada através dos canais comunicativos, num grupo (Lewin, K. "Frontiers in group dynamics, II. Channels of group life: social planning and actions research", *Human Relations*, v. 1, n. 2, p. 143-53, 1947, *apud* Wolf, 1987, p. 159-60).

32. Todos os entrevistados são nomeados com letras do alfabeto para manter sigilo sobre sua identidade, e todas as falas são resultado de entrevista à pesquisadora.

33. Entrevista concedida por telefone.

34. Considera-se gênero jornalístico informativo aquele que se aproxima ao máximo dos comunicados, excluindo, na medida do possível, as inferências e os julgamentos. As matérias inseridas nesse gênero identificam-se com os *flashes* noticiosos, as notícias e reportagens comuns, que tenham como produto clássico o relato puro dos acontecimentos. O gênero jornalístico interpretativo é aquele que vai ao encontro do noticiário de profundidade, relatando os fatos dentro da moldura da vida, demonstrando seu sentimento, dando perspectivas aos acontecimentos. É também conhecido como jornalismo explicativo ou jornalismo das análises e explicações. Procura mostrar determinado fato sob os mais diversos ângulos de abordagem. Jornalismo opinativo é aquele que agrupa as mensagens que objetivam orientar, persuadir ou influir na conduta, aproximando-se da linguagem inferencial e de julgamento. Aparece bem caracterizado em editoriais, crônicas, artigos, enfim, o acervo de matérias em que esteja claramente impressa a opinião do autor. (Rego, 1984, p. 168-9.) O jornalismo diversional é identificado como gênero a partir da metade da década de 1960. "Aceito também como jornalismo diversional, que passou a oferecer textos de muito agrado, abordando assuntos que, até à época, eram sempre apresentados

com aridez ou através de construções estereotipadas e formais, despidas de interesse [...]" (Erbolato, 1979, p. 42).

35. Em minha experiência com jornais organizacionais, o número de veículos prejudicados pelos fatores descritos superou o número dos tecnicamente "benfeitos".

36. É necessária uma separação entre legibilidade e visibilidade dos tipos. "Enquanto a visibilidade se incumbe do estudo da percepção dos tipos em distâncias relativas, a legibilidade deve se preocupar com a possibilidade de leitura do texto impresso pelo método de rapidez de leitura, piscadelas involuntárias e do movimento dos olhos, observadas por Webster e Tinker, incansáveis estudiosos dos problemas de legibilidade e visibilidade na comunicação impressa" (Silva, 1985, p. 37).

37. Consulta técnica desenvolvida nas organizações Grafilme Fotolitos e Gráfica e Editora São Miguel, ambas de Caxias do Sul. A primeira com vinte anos de experiência no mercado e a segunda com sessenta anos.

38. O estudioso americano Percy Tannenbaum deu um título pitoresco a um ensaio de sua autoria: "Se uma árvore cai numa floresta e não é projetada na TV será que a árvore caiu realmente?" (Giovanini, 1987, p. 270).

39. Redação final, melhorada, de uma matéria jornalística ou de qualquer texto escrito (Rabaça e Barbosa, 1978, p. 133). Nome atribuído à função desempenhada pelo jornalista encarregado de reescrever matérias dando aos textos de um jornal ou revista um padrão uniforme. Essa função teve seu auge durante a ditadura militar no Brasil. O cópi acabava depurando as matérias como censor.

40. O treinamento é, segundo Baldissera (2000, p. 61), uma prática comunicacional que, além de treinar e desenvolver as pessoas, apresenta e afirma, tautologicamente, a cultura da organização, de modo que os funcionários, progressivamente, se construam em "sujeitos-organizacionais", isto é, internalizem a cultura organizacional em nível dos pressupostos, das verdades inquestionáveis.

41. Entrevista à pesquisadora.

42. O texto original deste capítulo integrou a pesquisa "Balanço social: transparência ou *marketing* social?", desenvolvida no Departamento de Comunicação da Universidade de Caxias do Sul (UCS).

43. "Rauschenberg é um dos pioneiros do movimento pós-moderno. Reproduz em vez de produzir, confisca, cita, retira, acumula e repete imagens já existentes. Deixa claro que a aura modernista do autor como produtor não existe mais. Ele inaugura a era das *assemblages* visuais, usando elementos figurativos preexistentes (*ready-mades*). No *design*, os representantes desse período serão Wolfgang Weingart, April Greiman, Neville Brody e David Carson, entre outros, como o Studio Dumber" (McCarthy, 2001, p. 173).

44. Aqui se pensa a intertextualidade segundo o conceito de Foucault. Sobre o tema, pode-se consultar *Arqueologia do saber*, 1972, de Foucault, e *Novas tendências em análise do discurso*, 1993, de Maingueneau.

45. Dondis (2000, p. 9) argumenta que a dicotomia artes aplicadas × belas-artes é falsa. "A arte é apenas uma visão mais direta da realidade. Em outras palavras, mesmo nesse nível elevado de avaliação, as artes visuais têm alguma função ou utilidade."

46. "A partir dos anos 1960, nos Estados Unidos, e início da década de 1970, na Europa – particularmente na França, Alemanha e Inglaterra –, a sociedade passou a exigir que as empresas fossem socialmente mais responsáveis. Lentamente, isso levou à consolidação da necessidade de divulgação dos chamados Balanços Sociais ou relatórios." (Baldissera e Sólio, 2004, p. 64)

47. "Assim como outros códigos que a mídia utiliza, a própria expressão das cores deve ser pensada como uma estrutura que se adapta ao veículo/suporte da comunicação, aos objetivos e às intenções dos meios de comunicação e ao meio cultural no qual é gerada e no qual atua." (Guimarães, 2003, p. 21)

48. Hurlburt (1986), Silva (1985) e Dondis (2000) apresentam o tema com mais profundidade.

49. "A mensagem indica alguma coisa. Não considera apenas os processos de denotação, mas todos os processos de conotação, mesmo se a intenção referencial tende a reduzir ao máximo o campo semântico que se cria em torno de um signo e a enfocar a intenção do receptor sobre um único referente." (Eco, 1990 p. 381-2)

50. A produção de Margarida Kunsch sobre o tema é das mais consistentes.

51. É preciosa, nesse sentido, a leitura de Ricardo Antunes, *Os sentidos do trabalho*. São Paulo: Boitempo, 2005.

BIBLIOGRAFIA

ALSINA, Miguel Rodrigo. *La construcción social de la noticia*. 2. ed. Barcelona: Paidós, 1996.

ALTHUSSER, Louis. *Ideologia e aparelhos ideológicos do Estado*. Porto: Presença, 1974.

_______. *Aparelhos ideológicos do Estado*. Rio de Janeiro: Graal, 2003.

ALVES, Maria Helena Moreira. *Estado e oposição no Brasil (1964-1984): controle de salários: elevando o grau de exploração*. Petrópolis: Vozes, 1985.

AMARAL, Luiz. *Jornalismo matéria de primeira página*. Fortaleza: Tempo Brasileiro; Edições UFC, 1982.

_______. *Técnica de jornal e periódico*. Fortaleza: Tempo Brasileiro; Edições UFC, 1978.

BAHIA, Juarez. *Introdução à comunicação organizacional*. Rio de Janeiro: Mauad, 1995.

_______. *Comunicação organizacional: o treinamento de recursos humanos como rito de passagem*. São Leopoldo: Ed. da Unisinos, 2000.

BALDISSERA, Rudimar. *Simpatia e identificação: um processo de construção de sentidos*. Anais Seminário Internacional de Comunicação PUC-RS, Porto Alegre, 2001. Não publicado.

BALDISSERA, Rudimar; SÓLIO, Marlene Branca. "Balanço social: transparência e/ou mistificação para lograr consenso?" In: ARAÚJO, Margarete Panerai (org.). *Responsabilidade social como ferramenta de política social e empresarial*. Novo Hamburgo: Feevale, 2004.

BAKHTIN, Mikhail. *Marxismo e filosofia da linguagem – Problemas fundamentais do método sociológico na ciência da linguagem*. 9. ed. São Paulo: Hucitec, 1995.

BARROS FILHO, Clóvis. *Ética na comunicação: da informação ao receptor*. São Paulo: Moderna, 1995.

BAUDRILLARD, Jean. *O sistema dos objetos*. 4. ed. São Paulo: Perspectiva, 2000.

_______. *Ética pós-moderna*. São Paulo: Paulus, 1997.

BAUMAN, Zygmunt. *Modernidade líquida*. Rio de Janeiro: Zahar, 2001.

_______. *Jornalismo opinativo*. Porto Alegre: Sulina, 1980.

BELTRÃO, Luiz. *Jornalismo interpretativo*. 2. ed. Porto Alegre: Sulina, 1986.

BLACKBURN, Simon. *Dicionário Oxford de filosofia*. Rio de Janeiro: Zahar, 1994.

BOSI, Ecléa. *Cultura de massa e cultura popular: leituras operárias*. 4. ed. Petrópolis: Vozes, 1978.

BRAJNOVIC, Luka. *Tecnología de la información*. Pamplona: Universidad de Navarra, 1967.

BRANDÃO, Helena H. Nagamine. *Introdução à análise do discurso*. Campinas: Editora da Unicamp, s.d.

BRUM, Argemiro J. *O desenvolvimento econômico brasileiro*. Petrópolis: Vozes, 1993.

BUENO, Wilson da Costa. *Caracterização de um objeto: modelo conceitual para análise da dicotomia imprensa/indústria*. 1977. Dissertação (Mestrado em Comunicação) – Escola de Comunicações e Artes/Universidade de São Paulo, São Paulo.

______. "Mitos e motes do house organ no Brasil". Pesquisa apresentada no Congresso Brasileiro de Comunicação Empresarial, São Paulo, 1999.

CALAZANS, Flávio Mário de Alcântara. *Propaganda subliminar multimedia*. São Paulo: Summus, 1992.

CALDAS, Miguel P.; WOOD Jr., Thomaz. *Transformação e realidade organizacional: uma perspectiva brasileira*. São Paulo: Atlas, 1999.

CANCLINI, Néstor Garcia. *Consumidores e cidadãos: conflitos multiculturais da globalização*. Rio de Janeiro: UFRJ, 1997.

______. *Ideología, cultura y poder*. Buenos Aires: Oficina de Publicaciones, Universidad de Buenos Aires [s.d.].

CAPARELLI, Sérgio. *Comunicação de massa sem massa*. São Paulo: Summus, 1986.

CARMONA, Arnaldo; ALBUQUERQUE, Célio; MACIAL, Luiz Antônio. "Jornalista × jornalista". *Revista Imprensa*, São Paulo, p. 18-43, abril, 1998.

CASTELLI, Eugenio. *Manual de periodismo*. Buenos Aires: Plus Ultra, 1981.

CASTELLS, Manuel; HIMANEN, Pekka. *La sociedad de la información y el Estado del bienestar: el modelo finlandés*. Madri: Alianza, 2002.

CASTILLO, Daniel Prieto. *A comunicação na educação*. Madri: Colección Signo, abril de 1999.

CAUDURO, Flávio Vinícios. *A estética visual do palimpsesto no design*. Porto Alegre: PUC-RS, Intercom, 2002.

CHANLAT, Jean-François. *O indivíduo na organização: dimensões esquecidas*. 3. ed. São Paulo: Atlas, 1993 v. II.

______. (Coord.). *O indivíduo na organização: dimensões esquecidas*. 3. ed. São Paulo: Atlas, 1994. v. II.

______. *O indivíduo na organização: dimensões esquecidas*. São Paulo: Atlas, 1999.

CHAPARRO, Manoel Carlos. *Pragmática do jornalismo*. São Paulo: Summus, 1994.

______. *O jornalismo na estratégia de conflitos. Ciclo de debates sobre comunicação organizacional*. São Paulo: Aberje, 1996.

CHAUI, Marilena. *O que é ideologia*. São Paulo: Brasiliense, 1998.

CHEMAMA, Roland. *Dicionário de psicanálise*. Porto Alegre: Artmed, 1995.

DERRIDA, Jacques. *A voz e o fenômeno*. Rio de Janeiro: Zahar, 1994.

DINES, Alberto. *O papel do jornal*. São Paulo: Summus, 1986.

DONDIS, Donis. *Sintaxe da linguagem*. 3. ed. São Paulo: Martins Fontes, 2000.

DOR, Joel. *Introdução à leitura de Lacan*. Porto Alegre: Artes Médicas, 1985.

ECO, Umberto. *Apocalípticos e integrados*. 4. ed. São Paulo: Perspectiva, 1990.

______. *A estrutura ausente*. 7. ed. São Paulo: Perspectiva, 1997.

______. *Os limites da interpretação*. São Paulo: Perspectiva, 1999a.

______. *Seis passeios pelos bosques da ficção*. São Paulo: Companhia das Letras, 1999b.

ENRIQUEZ, Eugène. *A organização em análise*. Petrópolis: Vozes, 1997.

ERBOLATO, Mário. *Técnicas de codificação em jornalismo*. Petrópolis: Vozes, 1979.

ESCOREL, Ana Luisa. *O efeito multiplicador do design*. São Paulo: Senac, 2000.

FAUSTO NETO, Antônio. *Ensinando à televisão*. João Pessoa: UFPB, 2001.

FEATHERSTONE, Mike. *Cultura de consumo e pós-modernismo*. São Paulo: Stúdio Nobel, 1995.

FLEURY, Maria Tereza Leme; FISCHER, Rosa Maria. *Cultura e poder nas organizações*. 2. ed. São Paulo: Atlas, 1996.

FOUCAULT, Michel. *Arqueologia do saber*. Petrópolis: Vozes, 1972.

______. *A verdade e as formas jurídicas*. Rio de Janeiro: PUC, 1974.

______. *A arqueologia do saber*. Rio de Janeiro: Forense Universitária, 1986.

______. *Vigiar e punir*. Petrópolis: Vozes, 1987.

______. *Resumo dos cursos do Collège de France (1970-1982)*. Rio de Janeiro: Zahar, 1997.

______. *Microfísica do poder*. 17 ed. (1979) São Paulo: Graal, 2002.

FREITAS, Maria Ester de. *Cultura organizacional: identidade, sedução e carisma?* 3. ed. Rio de Janeiro: FGV, 2002.

GENRO, Adelmo. *O segredo da pirâmide*. 2. ed. Porto Alegre: Ortiz, [s.d.].

GIOVANINI, Giovani. *Evolução na comunicação*. Rio de Janeiro: Nova Fronteira, 1987.

GOLDENBERG, Mirian. *A arte de pesquisar: como fazer pesquisa qualitativa em ciências sociais*. 3. ed. Rio de Janeiro: Record, 1999.

GÓMES-OROZCO, Guilherme. "La audiencia frente a la pantalla: una exploración del proceso de recepción televisiva". In: *Diálogos de la comunicación,* Lima: Felafacs, n. 30, 1991.

GOMIS, Lorenzo. *Teoría del periodismo: cómo se forma el presente.* Barcelona: Paidós Ibérica, 1991.

GREGOLIN, Maria do Rosário. *Foucault e Pêcheux na construção da análise do discurso: diálogos e duelos.* São Carlos: Claraluz, 2004.

GRUPO GERDAU S.A. *Relatório Social 2003.* São Paulo, 2004.

GRUSZYNSKI, Ana Cláudia. *Design gráfico: do invisível ao ilegível.* Rio de Janeiro: 2AB, 2000.

GUIMARÃES, Luciano. *As cores na mídia: a organização da cor-informação no jornalismo.* São Paulo: Annablume, 2003.

GUARESCHI, Pedrinho. *Comunicação e poder: a presença e o papel dos meios de comunicação de massa estrangeiros na América Latina.* 6. ed. Petrópolis: Vozes, 1981.

_______. *A consciência moral emergente.* São Paulo: Santuário, 1989.

GUTIERREZ, Gustavo Luis. *Gestão comunicativa: maximizando criatividade e racionalidade. Uma política de recursos humanos a partir da teoria de Habermas.* Rio de Janeiro: Qualitymark, 1999.

HABERMAS, Jürgen. *O discurso filosófico da modernidade.* 3. ed. Lisboa: Dom Quixote, 2000.

HAGUETTE, Tereza Maria Frota. *Metodologias qualitativas na sociologia.* 3. ed. Petrópolis: Vozes, 1992.

HALL, Stuart. *A identidade cultural na pós-modernidade.* 5. ed. Rio de Janeiro: DP&A, 2001.

HARLAND, Richard. *Superstructuralism: new accents.* Londres: Hawkers, 1987.

HARVEY, David. *Condição pós-moderna.* São Paulo: Loyola, 2002.

HENN, Ronaldo. *Pauta e notícia: uma abordagem semiótica.* Canoas: Ulbra, 1996.

HOHLFELDT, Antônio; MARTINO, Luiz C.; FRANÇA, Vera Veiga. *Teorias da comunicação.* 4. ed. Petrópolis: Vozes, 2005.

HURLBURT, Alen. *Layout: o design da página impressa.* São Paulo: Mosaico, 1986.

IANNI, Octavio. *Imperialismo e cultura.* 3. ed. Petrópolis: Vozes, 1979.

KOPLIN, Elisa; FERRARETTO, Luiz A. *Assessoria de imprensa: teoria e prática.* 2. ed. Porto Alegre: Sagra, 1993.

KUNSCH, Margarida Maria Krohling. *Relações públicas e modernidade.* 2. ed. São Paulo: Summus, 1997.

LAGE, Nilson. *Ideologia e técnica da notícia*. Petrópolis: Vozes, 1979.

_______. *Linguagem jornalística*. São Paulo: Ática, 1985.

_______. *Estrutura da notícia*. 2. ed. São Paulo: Ática, 1987.

_______. *A reportagem: teoria e técnica de entrevista e pesquisa*. Rio de Janeiro; São Paulo: Record, 2001.

LOPES, Dirceu Fernandes. *A contribuição do jornal na organização na política de prevenção de acidentes*. 1982. Dissertação (Mestrado em Comunicação) – Escola de Comunicações e Artes / Universidade de São Paulo, São Paulo.

LYOTARD, Jean-François. *A condição pós-moderna*. Rio de Janeiro: José Olympio, 2000.

LUDOVIGNE, Mônica Martins. *As transformações do jornalismo organizacional da década de 80 aos nossos dias*. 1994. Dissertação (Mestrado em Comunicação) – Escola de Comunicações e Artes / Universidade de São Paulo, São Paulo.

MAINGUENEAU, Dominique. *Novas tendências em análise do discurso*. 2. ed. Campinas: Pontes, Unicamp, 1993.

MARTÍNEZ, JOSÉ LUIS. *Redacción periodística: los estilos e los géneros de la prensa escrita*. Barcelona: ATE, 1972.

MCCARTHY, David. *Arte pop*. São Paulo: Cosac & Naify, 2001.

MARTÍN-BARBERO, Jesus. *De los medios a las mediaciones*. Cidade do México: Gustavo Gilli, 1987.

_______. *Los ejercicios del ver. hegemonía audiovisual y ficción televisiva*. Barcelona: Gedisa, 1999.

MATTELART, Armand. *La publicidad*. Barcelona; Buenos Aires: Paidós, 1991.

_______. *Comunicação-mundo: histórias das ideias e das estratégias*. Petrópolis: Vozes, 1994.

MATTELART, Armand; MATTELART, Michèle. *Pensar sobre los medios:* comunicación y crítica social. Madri: Fudesco, 1987.

MEDINA, Cremilda. *Notícia: um produto à venda*. São Paulo: Alfa-Ômega, 1978.

MIÉGE, Bernard. *O pensamento comunicacional*. Petrópolis: Vozes, 2000.

MORGAN, Gareth. *Imagens da organização*. São Paulo: Atlas, [s.d.].

MORIN, Edgar. *Cabeça bem-feita*. Rio de Janeiro: Bertrand Brasil, 2000.

_______. *Os sete saberes necessários à educação do futuro*. São Paulo: Cortez, 2001.

_______. *O método 1. A natureza da natureza*. Porto Alegre: Sulina, 2002a.

_______. *O método 3. O conhecimento do conhecimento*. 2. ed. Porto Alegre: Sulina, 2002b.

_______. *O método 4. As ideias*. 3. ed. Porto Alegre: Sulina, 2005.

_______. *Cultura de massa no século XX. Neurose*. v. 1. 9. ed. Rio de Janeiro; São Paulo: Forense Universitária, 2007.

MOTTA, Fernando C. Prestes; CALDAS, P. Miguel. *Cultura organizacional e cultura brasileira*. São Paulo: Atlas, 1997.

MUNARI, Bruno. *Design e comunicação visual*. Lisboa: Edições 70, 1968.

OLALQUIAGA, Celeste. *Megalópolis: sensibilidades culturais contemporâneas*. São Paulo: Nobel, 1992.

OLIVEIRA, Berenice de. *Toyotismo no Brasil*. São Paulo: Expressão Popular, 2006.

ORTIZ, Renato. *Mundialização e cultura*. São Paulo: Brasiliense, 1994.

PAGÈS, Max *et al*. *O poder das organizações*. São Paulo: Atlas, 1993.

PALADINO, Marcelo; TEIJEIRO, Carlos Alvarez (eds.). *Comunicación empresarial responsable*. Buenos Aires: Temas, 2006.

PALMA, Jaurês Rodrigues. *Jornalismo organizacional*. Porto Alegre: Sulina, 1983.

PÊCHEUX, Michele. *Semântica e discurso. Uma crítica à afirmação do óbvio*. Campinas: Editora da Unicamp, 1988.

PIERCE, Charles Sander. *Semiótica*. 3. ed. São Paulo: Perspectiva, 1999.

PINHEIRO, José Moura. *Setor jornalístico do Brasil: história, evolução tecnológica e desempenho organizacional*. 1998. Tese (Doutorado em Comunicação) – Escola de Comunicações e Artes/Universidade de São Paulo, São Paulo.

PORTO, Mauro. "Novas estratégias políticas na Globo?: o Jornal Nacional antes e depois da saída de Cid Moreira". Artigo.

RABAÇA, Carlos Alberto; BARBOSA, Gustavo. *Dicionário de comunicação*. Rio de Janeiro: Codecri, 1978.

REALE, Giovani; ANTISERI, Dario. *História da filosofia*. 3. ed. São Paulo: Paulus, 1991. v. 3.

REGO, Gaudêncio Francisco Torquato do. *Comunicação organizacional e comunicação institucional*. 2. ed. São Paulo: Summus, 1986.

______. *Jornalismo empresarial: teoria e prática*. 2. ed. São Paulo: Summus, 1984.

REVEL, Judith. *Foucault. Conceitos essenciais*. São Carlos: Claraluz, 2000.

______. *A comunicação da organização e o jornalismo organizacional*. 1973. Tese (Doutorado em Comunicação) – Escola de Comunicações e Artes/Universidade de São Paulo, São Paulo.

RHODEN, Ieda. *Gestores e organizações ético-sociais: esperança para um desenvolvimento sustentável*. 1999. Dissertação (Mestrado em Administração) – Unisinos, São Leopoldo.

RIBEIRO, Milton. *Planejamento visual e gráfico*. 2. ed. Brasília: Linha Gráfica, 1987.

RODRIGUES, Leôncio M. *Partidos e sindicatos*. São Paulo: Ática, 1990.

ROGERS, Everett M.; DEARING, James; BREGMAN, Dorine. "The anatomy of agenda-setting research". *Journal of Communication*, n. 2, v. 43, 1993.

RÜDGER, Francisco. *Introdução à teoria da comunicação*. São Paulo: Edicon, 1998.

RÜDGER, Francisco; SANTAELLA, Lúcia. *Semiótica aplicada*. São Paulo: Thomson, 2002.

_______. "O homem e as máquinas". In: DOMINGUES, Diana (org.). *A arte no século XXI: humanização das novas tecnologias*. São Paulo: Unesp, 1999.

SANNTAELLA, Lúcia. "O homem e as máquinas". In: DOMINGUES, Diana (org.) *A arte no século XXI : humanização das novas tecnologias*. São Paulo: Unesp, 1999, p. 33-34.

SCHRAMM, W. *Men, messages, and media*. Nova York: Harper and Row, 1973.

SENNET, Richard. "La calle y la oficina: dos fuentes de identidad". In: HUTTON, Will; GIDDENS, Anthony. *En el límite (la vida en el capitalismo global)*. Barcelona: Kriterios Tusquets, 2001.

SILVA, Rafael Souza. *Diagramação: o planejamento visual gráfico na comunicação impressa*. São Paulo: Summus, 1985.

SODRÉ, Muniz. *Sociedade, mídia e violência*. 2. ed. Porto Alegre: Sulina/EdiPUCRS, 2006.

SÓLIO, Marlene Branca; BALDISSERA, Rudimar. "Os caminhos da administração e os processos comunicacionais nas organizações". *Revista Conexão: Comunicação e Cultura*. Caxias do Sul, v. 2, n. 4, p. 163-76, jul./dez. 2003.

SOUSA, Jorge de. *Teoria da notícia e do jornalismo*. Chapecó: Argos; Letras Contemporâneas, 2002.

SROUR, Robert. *Poder, cultura e ética nas organizações*. 9. ed. Rio de Janeiro: Campus, 1998.

STERLAC. "Das estratégias psicológicas às ciberestratégias: a protética, a robótica e a existência remota". In: DOMINGUES, Diana (org.). A arte no século XXI: humanização das novas tecnologias. São Paulo: Unesp, 1999.

TAVARES, Maria Lucinete. *Jornalismo organizacional: estratégia de marketing e interação social*. 1993. Dissertação (Mestrado) – Escola de Comunicações e Artes/Universidade de São Paulo, São Paulo.

THOMPSON, John B. *Ideologia e cultura moderna: teoria social na era dos meios de comunicação de massa*. 2. ed. Petrópolis: Vozes, 1998.

TOFLER, Alvin. *A terceira onda*. 15. ed. São Paulo: Record, 1980.

TRAQUINA, Nelson. *O estudo do jornalismo no século XX*. São Leopoldo: Ed. da Unisinos, 2001.

_______. *Jornalismo, questões, teorias e "estórias": comunicação e linguagem*. Lisboa: Vegas, 1993.

VERÓN, Eliseo. *Ideologia, estrutura, comunicação*. 2. ed. São Paulo: Cultrix, [s.d.].

_______. *A produção de sentido*. São Paulo: Cultrix; Edusp, 1980.

______. *La semiosis social: fragmentos de una teoría de la discursividad*. Barcelona: Gedisa, 1996.

______. *Semiosis del ideológico y del poder (La midiatización)*. Buenos Aires: Oficina de Publicación del CBC, 1997.

VILLAS-BOAS, André. *O que é [é o que nunca foi] design gráfico*. Rio de Janeiro: 2AB, 2001.

WEY, Hebe. *O processo de relações públicas*. São Paulo: Summus, 1983.

WOLF, Mauro. *Teorias da comunicação*. Lisboa: Presença, 1987.

dobre aqui

CARTA-RESPOSTA

NÃO É NECESSÁRIO SELAR

O SELO SERÁ PAGO POR

: AVENIDA DUQUE DE CAXIAS
214-999 São Paulo/SP

dobre aqui

CADASTRO PARA MALA DIRETA

Recorte ou reproduza esta ficha de cadastro, envie-a completamente preenchida por correio ou fax, e receba informações atualizadas sobre nossos livros.

Nome:______________________ Empresa:______________________
Endereço: ☐ Res. ☐ Com. ______________________ Bairro:______________
CEP: ________-______ Cidade: ______________ Estado: ______ Tel.: (   ) __________
Fax: (   ) ______________ E-mail: ______________ Data de nascimento: __________
Profissão:______________ Professor? ☐ Sim ☐ Não Disciplina: ______________

1. Você compra livros:

☐ Livrarias ☐ Feiras
☐ Telefone ☐ Correios
☐ Internet ☐ Outros. Especificar:______________

2. Onde você comprou este livro?

____

3. Você busca informações para adquirir livros por meio de:

☐ Jornais ☐ Amigos
☐ Revistas ☐ Internet
☐ Professores ☐ Outros. Especificar:______________

4. Áreas de interesse:

☐ Educação ☐ Administração, RH
☐ Psicologia ☐ Comunicação
☐ Corpo, Movimento, Saúde ☐ Literatura, Poesia, Ensaios
☐ Comportamento ☐ Viagens, *Hobby*, Lazer
☐ PNL

5. Nestas áreas, alguma sugestão para novos títulos?

____

6. Gostaria de receber o catálogo da editora? ☐ Sim ☐ Não

7. Gostaria de receber o Informativo Summus? ☐ Sim ☐ Não

cole aqui

Indique um amigo que gostaria de receber a nossa mala direta:

Nome:______________________ Empresa:______________________
Endereço: ☐ Res. ☐ Com. ______________________ Bairro:______________
CEP: ________-______ Cidade: ______________ Estado: ______ Tel.: (   ) __________
Fax: (   ) ______________ E-mail: ______________ Data de nascimento: __________
Profissão:______________ Professor? ☐ Sim ☐ Não Disciplina: ______________

Summus Editorial
Rua Itapicuru, 613 7º andar 05006-000 São Paulo - SP Brasil Tel. (11) 3872-3322 Fax (11) 3872-7476
Internet: http://www.summus.com.br e-mail: summus@summus.com.br